机智的律师生活

Lawyer Playlist

机智的律师生活
系列丛书

商事律师执业必修课

ESSENTIAL COURSES FOR COMMERCIAL LAW PRACTICE

徐浩哲　编著

法律出版社 | LAW PRESS
北京

图书在版编目(CIP)数据

商事律师执业必修课 / 徐浩哲编著. -- 北京 : 法律出版社, 2024
ISBN 978-7-5197-9017-2

Ⅰ. ①商… Ⅱ. ①徐… Ⅲ. ①商法-律师业务-中国 Ⅳ. ①D923.99

中国国家版本馆 CIP 数据核字(2024)第 072795 号

商事律师执业必修课
SHANGSHI LÜSHI ZHIYE BIXIUKE

徐浩哲 编著

策划编辑 蒋 橙
责任编辑 蒋 橙
装帧设计 鲍龙卉

出版发行 法律出版社
编辑统筹 法律应用出版分社
责任校对 王 丰
责任印制 刘晓伟
经 销 新华书店

开本 A5
印张 8.875 **字数** 196 千
版本 2024 年 5 月第 1 版
印次 2024 年 5 月第 1 次印刷
印刷 天津嘉恒印务有限公司

地址:北京市丰台区莲花池西里 7 号(100073)
网址:www.lawpress.com.cn
投稿邮箱:info@lawpress.com.cn
举报盗版邮箱:jbwq@lawpress.com.cn
销售电话:010-83938349
客服电话:010-83938350
咨询电话:010-63939796

书号:ISBN 978-7-5197-9017-2
定价:48.00 元
凡购买本社图书,如有印装错误,我社负责退换。电话:010-83938349

前言

从一档法律实务播客说起

两年前，我创办了播客《机智的律师生活》[①]，这是一档围绕法律实务行业的播客，通过邀请嘉宾访谈或是个人独白的方式来分享不同视角的观察和思考。截至这篇前言落笔成文，播客总共发布了39期节目，在全网收获了百万播放和数万订阅，听众中既有法律行业的资深前辈、职场新人和法学院学生，也有很多法律行业外的专业人士和播客爱好者。虽然这些数据和众多自媒体相比不值一提，但优质的内容能得到大家认可并帮到大家，让我发自内心感到快乐。

相比短视频和公众号，现阶段的播客在国内毕竟还属于相对“小众”的内容领域，为了让更多人以不同的方式接触到播客节目的优质内容，将播客内容整理为文字稿进行出版的方案就应运而生。不论是律师的职业特点让看似聊天的口头分享更具层次和逻辑，还是市面上对于系统介绍商事律师不同执业领域书籍的“缺位”，都让播客节目以文字形式出版成为可能。

---

① 感兴趣的读者可通过小宇宙、Apple Podcast、喜马拉雅、QQ音乐、网易云音乐、豆瓣等平台订阅关注，收听每一期节目。

商事律师执业面临的“信息差”

在筹备出版期间，我一直在思考这本书的定位与切入点，最后决定落脚在“信息差”这三个字上。结合我这些年的执业经历，商事律师在执业过程中需要面对三个维度的“信息差”：(1)法律行业内不同细分执业领域之间的“信息差”，(2)法律行业内外的“信息差”，以及(3)法学院学习和法律实务工作之间的“信息差”。

我们先来看法律行业内不同执业领域的“信息差”。法律实务行业发展至今，越来越专业化和精细化。虽然大家都从法学院走出来，掌握着基础的法律思维模式，但执业领域的不同会导致知识结构、执业技能和市场需求有非常大的区别。很多时候，即便都在从事法律实务，也会感慨“隔行如隔山”，这在商事法律服务中更加凸显。

举例而言，如果你为一家新兴科技公司的跨境并购项目提供法律服务，你不仅需要掌握最为基础的民法和公司法相关的知识、技能和实操经验，还需要对数据流动、反垄断申报、贸易合规等不同细分领域有所了解，最终得以反映到交易谈判和文件条款之中。当然，你可以就不同领域的问题去咨询其他领域的专业律师，但与之带来的问题就是交易成本的上升和服务效率的下降。至少对交易律师而言，尽管不要求你去“精通”每一个细分法律领域成为专家(事实上可能也做不到)，但了解不同执业领域的业务常识和工作流程对于你构建全局观念大有裨益。

因此，本书收录了大部分播客中的“执业观察”系列节目，从商事律师的经验出发，去尽可能全面地介绍各个执业领域的实务经验和方法流程，涵盖了上市发行、反垄断、争议解决、数据合规、跨境并购、投融资、破产重组、私人财富管理、贸易合规等不同领域，为商事律师提供“接近”全领域的实操经验。在播客节目的录制过程中，我既会站在一个商事律师的视角去剖析和发表观点；也会“换位思考”，把自己“抽离”出来，站在听众和读者的视角去理解和追问。所以我相信大家在阅读本书时会有一定程度的“代入感”，能更好地去理解播客和本书分享的内容。

其次是法律行业内外的“信息差”。一方面，法律的专业性使得有其拥有独特的思维模式和方法技巧；另一方面，法律的社会性又让其不得不与众多其他行业产生互动。这些年的从业经历，让我有机会和各行各业的朋友打交道。既有初出茅庐的创业公司，也有日进斗金的互联网巨头；既有西装革履的投行精英，也有专注于学问和技术的专家学者。在与他们的互动中，我可以感受到他们对于真实的法律行业存在些“误解”和“偏见”，包括客户在内的社会大众也对“律师一天到晚干些什么”“律师为什么收这些钱”存在困惑。基于此，本书的第 2 讲《大家对民商事争议解决律师都有哪些误解？》就尝试去澄清这些困惑，希望更多人可以理解律师的立场和思路。

当然，我深知这种现象不可能被完全消除，但希望可以通过本书让更多法律行业之外的人了解法律实务，特别是律师在各个环节中扮演的角色。本书的每讲内容都会对律师在项目中与其他角色的互动进行探讨,重点分析律师在此过程中发挥的作用。此外,我也邀请了法律行业之外的朋友参与分享,比如第 5 讲《与投行朋友聊聊并购项目全流程》就是“财务顾问”和“法律顾问”的合作;第 7 讲《风口上的“AI 创作”和“AIGC”,在法律上面临哪些挑战和机遇?》有很多科技创业公司视角和法律人视角的碰撞。我相信通过这种方式,或多或少可以促进法律行业与其他行业的交流与合作。

第三个维度的“信息差”来自于法学院和律师职场的过渡。毕业后每一位从事法律实务的同学都会面临执业领域的“选择”或是“被选择”,但说实话,市面上几乎没有去系统介绍不同执业领域的书籍。因此,创立这档播客和出版这本书的另一大初衷就是希望可以给即将走向或是已经走向法律实务职场的年轻法律人们一些参考和借鉴。或许你可以在某次简历投递和律所面试中用到这本书分享的内容,或许你也可以在某次颇具挑战的“大项目”中顺手翻阅这本书,其中的经验和方法帮助你顺利解决了某项要紧的任务。在筹备播客节目和整理文字稿的过程中,我始终认为“全局观”是年轻法律实务工作者特别应该关注的。尽管你目前手头的工作可能仅仅是某个环节的“螺丝钉”,但懂得“整架飞机”如何运转、飞向何方同样会成为你思考“在哪里拧螺丝”“怎样拧螺丝的”的关键。事实上,不同工匠拧出来的螺丝,差距真的很大。

除了十讲执业观察之外,本书的附录包含的两讲是专门为年轻法律人们准备的。附录一《律师实务工作需掌握的方法论和工作技巧》是我在所内为中低年级律师开展培训讲座的分享内容，信息量很大，实用程度也非常高。如果本书只能阅读一讲内容，那我会毫不犹豫推荐这一讲。附录二《从迈入职场到挥手作别，你不得不知道的职场劳动用工法律知识》则是希望各位步入职场的同学，可以在全身心投入事业工作的的同时，也别忘了自己的身体健康和劳动权益。这讲内容通过虚拟案例的模式系统"盘了盘"职场劳动用工中涉及到的法律问题，希望可以给大家普及劳动法相关的基本理念和原则，在遇到问题时可以有一些可参考的思路和方法，帮助大家顺利渡过身份转型期。

关于本书的说明与展望

如前文所述，本书是基于播客《机智的律师生活》整理制作的，所以一些表述难免会显得"口语化"。在出版筹备过程中，编辑和我也就本书呈现的风格有诸多探讨，最后还是决定把这种平易近人的"口语化"风格保留下来，以方便大家更好地理解这些有一定理解门槛的法律实务知识。同时，为了让内容达到出版的书面要求，编辑和我做了很多审校工作，以尽可能确保读者可以通俗易懂地阅读和理解。当然，每个人的偏好都不尽相同，有人喜欢音频，有人喜欢文字。如果你在阅读本书时觉得一些地方略有生硬的，欢迎你收听播客的单集，很多内容放在访谈的语境下会自然很多。就我个人的观察，法律行业的朋友可能还是更习惯阅读书面文本。

不得不提的还有法律类书籍的时效性，今天分享的法律知识很可能在明天就会因为新的法律法规或是新的司法案例而发生很大不同。对实操性更强的法律实务，其还会受到经济环境、地缘政治、科技发展等诸多因素的影响。以本书为例，其收录的执业观察系列节目都是在 2022、2023 年录制的，但在 2024 年出版时还是面临很大的变化。比如第 7 讲中探讨了很多人工智能引发的法律挑战，但却没能赶上 ChatGPT 的发布，对于生成式人工智能的最新立法和案例也没能覆盖，实属遗憾。再比如，2021 ~ 2022 年 PE/VC 行业非常火热，甚至每周都有新项目，但因为各种复杂的原因，投融资并购市场在这两年发生了较大的变化。尽管很多事情无法被我们预料，但我相信本书分享的方法和经验是可以跨越经济周期的，我也相信本书的读者们可以从中抽取出这些精华的内容为自己所用，这是我筹备出版这本书时所衷心希望的。

对我播客熟悉的朋友知道，各领域的执业观察只是我播客的一部分。除此以外，留学日记系列介绍了全球各地的法学院生活；法律科技系列展示了法律实务在数字化、自动化、人工智能等方面的探索；实务技能系列重点分享律师工作的方法论技巧；也会有很多“特别企划”，围绕当下的热点事件提供法律专业视角的解读，聊“马斯克大战推特”和电视剧《狂飙》的那两期节目也很推荐大家去收听。有机会的话，我会希望把这些内容出版做成“机智的律师生活系列丛书”，给大家带来更多优质的法律相关内容。所以，如果你喜欢这本书或者我的播客节目，欢迎多多向身边的朋友推荐，说不定“机智的律师生活系列丛书”的第 2 本、第 3 本就会在不久的将来得以问世。

致　谢

在本书出版和播客制作的过程中，有很多值得感谢的人。虽无法穷尽列举，但还是希望借此机会对他们表达感谢。

首先是受邀嘉宾们，很感谢你们。正是因为你们的参与，才让本书和播客成为可能。特别感谢播客《子非鱼》的主播 Gareth 老师，与他合作的那期聊反垄断的节目（本书第 3 讲）让播客收获了“第一桶金”（第一波粉丝），得以让法律实务播客的种子发芽成长。与嘉宾们一次次的深入沟通，让我真切感受到了不同视角的经验和思维碰撞产生的水花，这个水花激起的涟漪也如一个个圆圈般不断扩大，影响着越来越多法律行业内外的朋友。

其次，感谢小宇宙编辑团队和法律出版社。在如今“流量为王”和“算法推荐”的时代，小宇宙编辑团队仍然坚持着“编辑精选”栏目，让本该小众的法律实务播客有了更多曝光的机会，也让更多法律行业内外的听众可以接触到我精心准备的内容。播客文字化看似简单，但实则面临很多复杂琐碎的工作，编辑橙子姐的专业、认真和负责给了本书出版很大的帮助，也感谢法律出版社对我内容质量的认可。

此外，想借这个场合向我进入法律实务行业的第一位“带教师父”John 表达感谢。刚入行的第一任师父在人生中总是扮演着很重要的角色，John 不仅身体力行地向我展示了何为顶尖的涉外商事律师，他在方法论思维和法律实务教育上的探索同样给我带来了很深远的影响。John 和我坚持开展下去的 Codiak 项目，在这十余年间已经为法律行业提供了超过百位的优秀商事法律人才，如今都已成为各个执业领域的中流砥柱。

最后，感谢我的家人们。在无数个因为项目和工作而夜不能寐的夜晚，正是你们的启发、鼓励和支持让我有能力去做更长远的规划，去坚持在此刻播种一颗也许在十年、二十年后才会开花结果的种子。在本书筹备出版期间，女儿 Timi 也顺利来到这个世界，希望她可以健康平安地长大，也希望我可以在人生新阶段好好努力，以便她未来不必非要从事律师这么辛苦的职业。

HZ Studio

2024 年 4 月写于东水井胡同

01

第一讲

律师在港股 IPO 中扮演着怎样的角色?

目录

CONTENTS

02

第二讲

大家对民商事争议解决律师都有哪些误解？

03
第三讲

如何认识“垄断”？ 互联网反垄断怎么变热了?

04

第四讲

听数据合规律师聊聊互联网时代下的个人信息保护

05

第五讲

与投行伙伴聊聊并购项目全流程

06

第六讲

PE/VC 律师真的每周一个新项目吗?

07

第七讲

风口上的 AI 创作和 AIGC，在法律上面临哪些挑战和机遇?

08

第八讲

给“超高净值人士”做私人财富管理是一种怎样的体验?

09

第九讲

破产律师的那些“破人破事儿”

10

第十讲

这些年中美博弈中出现了哪些“法律武器”?

01

第一讲

律师在港股 IPO 中扮演着怎样的角色？

魏然（Ryan）　徐浩哲（David）

2022 年 1 月 27 日

1. 什么是资本市场？什么是 IPO？两者之间有何关系？

David：

“资本市场 IPO”这个概念，对于很多刚步入法学院校或者刚步入律师职场的人来说，都是非常熟悉的。很多人的第一份律师事务所的实习工作可能就关于资本市场或 IPO。我作为一个并非专门执业 IPO 领域的律师，想先厘清几个问题。对律师而言，资本市场是否等于 IPO？除了 IPO 以外，资本市场还包括哪些业务？资本市场跟 IPO 如何区分？

Ryan：

一般而言，IPO 属于资本市场中的一个板块，全称叫作 Initial Public Offering，中文是首次公开募股。对于公司而言，IPO 属于融资的一种方式。围绕公司的发展和壮大，公司会采取多种类型的融资方式，包括上市前的私募融资、上市的首次公开募股、上市后的增发股份等。

律师行业的资本市场业务，横向来分的话是比较简单的，可以分为境内和境外两个类型。纵向来分就是伴随公司不断发展壮大，根据一些公司发展的关键节点来进行划分。例如，有专门做私募融资，就是 PE 方面的业务，协助公司进行相对早期至中期的融资；还有专门做上市以及 IPO 方面的业务，稍后我们会具体来进行介绍。据我了解，专门做上市方面业务的律师也会同步帮助公司做 Pre-IPO 轮的融资，这个 Pre-IPO 轮的融资也可以叫作交叉轮融资，或者叫上市前融资等；还有上市后进行再融资、重大资产重组、公开并购、分拆上市等业务相伴而生；还有围绕公司业务，比如上市前重组、上市后的合规、股权激励计划制定、数据合规等日常或者专项的法律服务。这里只是围绕公司发展的阶段比较粗糙地列举了一些类别，其他的资本市场业务还包括银行类业务、债券类业务、基金类业务等，也都可以纳入资本市场的业务领域。

David：

虽然您刚刚说是一个比较粗糙的分类，但我听下来已经是一个非常专业和精细化的介绍了。简单通俗地理解，我感觉资本市场本质上是为了企业的融资而产生的各种模式的集合，它的本质是让公司在不同阶段，通过不同类型的金融工具或者说是资本工具，来获得一定的资金，帮助公司发展或是解决公司的一些问题。

除了您刚刚提到的这些横向、纵向划分外,大概还可以从哪些维度去看资本市场的业务领域?

Ryan:

我个人认为还有另外一个维度,即公司所在行业的维度,这一点和整体社会中企业发展的形态以及行业趋势是同步的。这类似于创业角度的赛道,不同的投资人会有各自不同的投资领域,那么一个成熟的、有前瞻性的、有发展性的律师团队,也应该有一个或者几个他们所关注的行业。比如医疗大健康、互联网、餐饮、零售、消费、能源、房地产、教育等。具体的行业还可以细分为多个不同的具体赛道,例如,大健康行业还可以具体划分为医疗服务、生物科技、医疗器械、医药研发等。不同行业的规则是不同的,公司所关注的要点不同,遇到的棘手问题也不同。我们法律行业主要面对的是规则和公司业务的双向要求,因此不管是正在做职业选择的同学,还是已经初入职场的同学,都可以将行业划分这个维度纳入思考的范畴。

David:

非常赞同您刚刚的观点,除了诉讼、非诉、资本市场、合规等执业领域,行业划分同样很重要。比如某些团队或律所就在特定的某个行业特别专业,如一些著名的红圈所在房地产领域特别强势,某个团队又在医疗健康领域非常精通,这种精通,可能不仅涵盖资本市场,甚至会自然而然地衍生出投资、并购、争议解决等各个环节。很多法律其实是相通的,比如医疗行业或一些资本市场的行业出台了相关的政策或指南,不单单影响单个执业领域,还会牵扯这个行业的方方面面,甚至影响正在进行的某个诉讼或投融资项目。

Ryan:

法律行业相当于为公司业务提供辅助性的服务,但是在某些关键的节点,随着公司对应行业的发展,法律行业应该会起到比较关键的作用。比如说在过去的一年中,我们知道有一些行业(如教育行业、房地产行业、互联网行业监管),从政策的角度也好,从社会的角度也好,行业规则发生了很大的变化。对于公司来说,它要解决的可能是业务层面的问题;对于法律行业来说,要解决的是在这些行业里面我们所要为客户提供的服务,或者说我们掌握和解读这些规则所需要的能力。这些也都是大家在做职业选择时,或者已经选择了行业之后,需要着力培养自己的方向。

2. 完整的港股 IPO 是一个怎样的流程?包含哪些阶段?

David:

我经常听业内的很多人说 IPO 项目很难做,很耗时耗力,能否给我们介绍一下完整的 IPO 项目的流程究竟是怎样的?

Ryan：

的确如此，在和朋友聊天的时候，他们听到 IPO 尤其是港股 IPO，第一反应都是律师会熬夜，工作时间比较长。从我个人工作经验的角度而言，我简单地为大家介绍一下港股 IPO 项目的流程，供大家参考。

港股 IPO 主要是公司到香港联合交易所（联交所）主板上市的业务。和我们内地的交易所类似，联交所也分为主板和创业板。一般而言，我们说的香港上市泛指主板上市，下面我就主板上市的情况来简单介绍一下港股 IPO 的主要流程。从时间上来看，港股 IPO 主要可以分为三个阶段。

3. 第一阶段：上市启动➡提交上市申请

Ryan：

第一阶段是从上市启动（kick-off）到提交上市申请（A1），公司需要把所有基础性工作做完，包括重组、尽职调查、财务数据、业务沿革等，当然也包括公司的股权结构。大家可能会听到有上市前投资（Pre-IPO investment），这些基础性工作都是在这个阶段进行的。

David：

这种上市前投资常见吗？我听到这个词，第一反应是感觉上市前投资应该会受到比较严格的限制，否则很难确保公司在上市前后处于一个稳定的经营状态，也很难给这种面向大众的投资者一个交代。

Ryan：

这是一个很好的问题。从常理而言，公司经历一次上市，股票的价值可能会相差几倍甚至十几倍、几十倍；从投资的逻辑而言，这个收益是非常高的。上市前投资是比较常见的，但是为了相对有效地规避纯投机性的突击入股情况，保留对公司业务比较有利的入股，港交所对于这种上市前投资设置了一定的时间限制，该项投资需要在提交上市申请前的 28 天以前，或者是在上市前的 120 天以前完成。对资本退出的时间，规则层面没有明确的规定。但是按照市场的惯例，承销商会要求上市前投资人签署一个锁定期的承诺函，由这些投资人来承诺在上市后 6 个月内不出售他们的股份。锁定期是一个比较常见的概念，即 Lock-up Period。这种锁定期的承诺，会使上市后的投资人对于这家公司的稳定更有信心，以助力股票卖一个更好的价格。

说回上市申请，在提交上市申请的同时，需要提交一系列其他文件，包括招股书、法律意见书、审计报告等非常重要的联交所要求的文件的初稿。在比较早的时候，上市申请版本的招股书可以说是名副其实的“初稿”;但是在2013年上市规则进行过一次大规模的修改之后,对A1版本申请的招股书的标准要求为“大致完备”。

David:

能否理解为只有当新的情况出现,比如上市申请的过程中有一个突然的市场风波或者有新政策出台,这种情况下才可以更新招股书的内容?

Ryan:

理论上是这样的。举个例子来说,股票的价格,即每股要卖多少钱,以及它的价格范围,或者一共要发行多少股,这些在提交上市申请的时候实际上是确定不了的,那么一般来说招股书中会将这部分加一个中括号来表示待定。还有一些其他的,比如批准本次上市的股东会决议日期、股票价格之类的内容,一般都会作为初稿的内容写进去,但是这个股东会决议日期是没有办法确定的,所以会是一个留白的状态,只能到后面去填写。在后续每次公司向联交所反馈更新稿的时候,除了五六百页的全本招股书之外,还要单独提交一个和上次相比的修改页,要标注出来其中有哪些做了修改。所以理论上讲,如果没有特殊的原因,就不应该对之前的内容进行更新。

David：

如果更新就一定会被审查的机构追问吗？

Ryan：

审查机构会去看你的更新做在了哪里，如果审查机构认为这个更新很突兀，就会来问：为什么要进行更新？之前为什么没有发现这样的情况？如果他认为这只是一般的更新、调整，也可能不会问，但是这个主动权就在联交所或者监管机构手里，不在申请人手里。

David：

确实要准备一个相对完善的定稿版本，如果每次修改都导致审查机构问询的话，对于上市的时间表进度影响是非常大的。

Ryan：

另外值得一提的是，在提交上市申请之前，公司以及接触上市相关信息的中介是需要对本次上市申请严格保密的，只有在提交 A1 申请的招股书展示在联交所网站上之后才可以对外公开相关的信息。所以我们经常看到新闻说某某公司即将赴港上市，一般来说媒体去咨询公司的时候，公司有关人士的回复口径往往都是不清楚、不了解、不知道是否有这样的计划等。

David:

这方面我是很感兴趣的,因为特别是处于上市前后的公司,它在市场上一定是相当活跃的。这里的严格保密是出于什么目的?是为了保护公司、保护市场,还是有一些其他的考虑?我相信法律对于这个阶段的保密要求一定做了非常严格的规定。

Ryan:

是的,严格保密的目的是多重的,但是底层的逻辑还是维持市场稳定。因为对于资本市场而言,所谓对于市场的预期,包括对于公司发展的预期,会在很大限度上影响投资、融资以及一些其他的判断。从市场层面来举一个例子,比如说某家市场上很知名的企业,如果在没有其他的资料准备或者有公开权威的机构去背书的情况下,很高调地去说我要准备上市,大家会预期它的股票卖得很好,会有很多投资人来托关系、找门路,要进驻这家公司。那么这种投资实际上会造成资本市场秩序的混乱,它是一种投机。同时会给联交所造成一些压力,因为投资人进驻这家公司之后,和联交所之间就会有利益冲突,由于联交所要审核这家公司的上市申请,就有可能受到来自市场的压力。真出现这种情况的话,目前联交所的处理方式是暂时搁置项目的处理。所以不管是从公司角度,还是从联交所的角度,都要避免这样的情况。总体而言,是为了整个资本市场的稳定。

4. 第二阶段：上市申请➡聆讯审查

David：

听同学之间聊天，提到某个项目进行到什么阶段，都说“A1已经交了”，意思是说已经提交了上市申请，那么提交完上市申请之后会有什么样的流程？

Ryan：

接下来就是第二阶段，从提交 A1 申请到上市前聆讯。聆讯我们称为 Hearing，这个阶段一般要花 4 ~ 6 个月。从香港上市规则的角度来说，上市申请超过 6 个月就会失效，申请人需要重新提交上市申请的一系列材料。在 2021 年这种情况是比较多的；2021 年上半年尤其是 6 月份，同时提交上市申请的公司有数十家。由于提交太过于集中，联交所和证监会的审查人员人数有限，再加上我们内地这边与上市以及数据相关的法规逐渐完善，政策变动相对比较大，因此审核时间也会比较长，相当一部分公司都超过 6 个月的期限，重新提交了申请。

David：

如果审核时间特别长，比如撤回两次再重新申报，这样甚至超过了一个财务年度的时间，是否意味着下一次要提交的时候，就得用新的财务数据和新的财务报表来进行提交？

Ryan：

是的。因为财务数据、财务报表、会计报告的有效期是 6 个月，比如说公司在 2021 年 6 月 20 日提交了一个上市申请，它的招股书里面是以 2020 年全年作为它最近一个财务年度，即财务报告数据截止日期为 2020 年 12 月 31 日，那么 2021 年 6 月 20 日当天，数据还是一个有效的状态。但是在审核过程当中，只要过了 6 月 30 日，截至 2020 年 12 月 31 日的财务数据就失效了，就要去补一些数据。如果最后成功上市是在 2021 年 11 月，一般公司都会补充截至 2021 年 6 月 30 日的财务数据，取 2021 年 6 月 30 日来作为财务报告的最后时间点。如果到 2022 年的 3 月才成功上市，可能到时候招股书最后呈现出来的就是补充到 2021 年 12 月 31 日的财务数据了。

根据香港上市规则，一般而言公司至少需要有 3 年的财务数据，所以如果多加了几个月、半年或者一年，相应的一些财务及业务相关描述也需要同步更新。

David：

回到聆讯这个概念，Hearing 是问谁？是问律所还是问公司？

Ryan：

Hearing 这个概念是指香港联交所上市委员会对于提交上市申请的公司的聆讯，但问询的对象并不是公司，也不是律师，而是保荐人。这个角色我们稍后会进行一个比较详细的介绍，总之是通过聆讯来决定是否允许公司挂牌进行上市。在将申请提交给上市委员会的大佬们审查之前，联交所和证监会具体负责这个项目的成员已经针对这个项目对公司提出了多轮问题，并且是在这些问题都已经得到满意答复以及合理安排的情况下，比如将答复补充进招股书之后，联交所和证监会内部负责的人员认为他们没有进一步意见了，才会把这个申请提交到上市委员会来进行审核和聆讯的安排。

如果能够被安排聆讯，基本上就意味着项目已经走到一个可预期能够顺利上市的阶段。所以最实质性的工作是在提交上市申请之后和香港联交所以及香港证监会的沟通和回复。有非常多的公司都是在这个过程当中，由于不能妥善回复监管机构的问询，或者说不愿意妥善回复，他们的上市项目就不得已被终止。

David：

您刚刚提到了两个机构，一个叫香港联交所，另一个叫香港证监会。我不太清楚这是一个机构的两种说法，还是说这是两个完全不同的机构。

Ryan:

这是两个完全不同的主体,一定要区分开来看。香港联交所的全称叫作香港联合交易所有限公司,是一家香港上市公司;香港证监会的全称叫作香港证券及期货事务监察委员会,是香港特区的一家政府机构。我们看到因为在香港特区上市,而由公司董事去承担民事或者刑事责任,作出处罚的主体就是香港证监会,而不是香港联交所。香港联交所从性质上而言是一家营利性公司。可以理解为证监会是监管机构,联交所是一个平台。我们在与联交所沟通的时候,是会把握它是一个营利性公司的性质,不同于证监会更多地去关注合规的问题,香港联交所会更多地从行业投资者关系、小股东保护等层面来关注申请人的情况。

David:

我理解证监会作为政府机构,它更多地履行监管合规的职责,联交所相当于是搭建了一个允许大家买卖股票的交易平台,它要做的就是吸引大家到它的平台上去做交易。

Ryan:

基本上可以这样理解。更直白一点来说,如果一家企业要上市,摆在它面前的有上海、深圳、香港、纳斯达克、纽约、新加坡、伦敦的交易所等多种选择,每家交易所通过规则的制定和更新来吸引更多的企业来上市,交易所从中赚取上市费用和上市公司年费。举个例子,为什么早年间很多大型的互联网企业最开始都选择去美国上市,很大一个因素是美国允许“同股不同权”这样一种公司股权结构存在。据说当时的这些互联网巨头企业也有和香港联交所进行沟通,香港联交所在 2018 年 4 月对上市规则进行了修改,允许同股不同权的科技公司来进行上市,从而打破了以往上市规则的阻碍。从中可见,从公司的角度和从联交所的角度是一个双向合作的态势,共同促进上市的完成。

联交所和证监会向公司提问的内容,往往会围绕财务、业务、合规等方面,问题会非常细致。一般而言,顺利的话各自会有 2 ~ 3 轮的问题;但是如果他们觉得某些问题比较关键,而认为目前得到的答复比较敷衍,证监会和联交所就会一直进行追问,要求公司回答,并且要求保荐人来做相应的尽职调查。有很多公司都是在和联交所、证监会反复沟通解释之后,才能够把一个问题阐述清楚的。

David:

刚刚您提到了保荐人这样一个角色,联交所、证监会我听下来是直接跟保荐人进行沟通的,但很多的问题都是围绕公司,所以在这一个环节,保荐人跟公司应该是相互配合、通力合作的。比如说保荐人的回复一定是通过公司来提供素材,或者公司这边确认无进一步意见后才能够提交给联交所和证监会。

Ryan:

这是一定的,因为对于公司情况的阐述,甚至保荐人进行的尽职调查,实际上底层的内容都是由公司来提供的。这和一些投融资并购的尽职调查,或者说和公司之间的配合有所差别。公司对于上市尤其是在回复监管机构问题的这些事项上配合程度都很高;毕竟上市对于公司而言,或者说对于初创公司最大的股东而言,是一个极其重要的发展节点。

David:

这挺不同的,我经历的投资并购项目中,面对尽职调查,公司的配合意愿不尽相同。

5. 第三阶段:聆讯审查➡挂牌上市

David:

经过聆讯之后,最终挂牌上市是否就是最后一个阶段了?

Ryan:

对,第三阶段就是从聆讯到最终的挂牌上市,挂牌上市就是所谓的 Listing。这个阶段一般需要一个月时间,但其实没有时间的限制。在这个阶段,由于发行人已经获得联交所对于上市的“绿灯”，整个项目的重心就由应对联交所和监管机构的问询，全方位调整到发行股票；作为境外律师，工作重心也就变成了处理各类与发行相关的交易文件。

值得一提的是，之前作为保荐人的投行，如今的角色也开始转变为承销商，保荐人时期的投行和公司基本上是纯伙伴关系；如果存在多家保荐人及联席保荐人，相互之间也都是伙伴关系，完全是帮助公司去梳理内部情况、做尽职调查、回答问题等。但是在承销的阶段就会有所不同了，投行要帮助公司多多地卖股票，卖得多，承销费也会多；不同的承销商之间自然也会存在一定的利益冲突。

6. 聊聊保荐人/承销商和公司之间的合作与博弈

David：

我听下来感觉保荐人跟承销商履行的职能是不一样的，保荐人更多是一个向联交所或者证监会进行“担保”或者做尽职调查的角色，承销商是为了卖股票，他们一定会是同一家投行吗？我把这两项工作交付不同的投行来做，是否就能解决利益冲突的问题了，还是说这和实务惯例不一样？

Ryan：

一般而言，保荐人都会担任项目的主承销商。因为由投行担任一个项目的保荐人,它的保荐费用是比较低的,在一个项目中更多是赚取承销费用,这是他们收入中的大头。在保荐人去竞标项目的时候,和公司讲的一般都是自己的承销能力。毕竟从公司角度,从最早期直至整个上市准备的过程当中,所关注的最核心问题还是自己的股票能不能卖一个好的价格。

由于是投行去帮公司卖股票,公司和投行会在刚刚说的第三阶段签署两个极为重要的协议,分别是香港承销协议和国际承销协议。在这两个协议当中,投行需要向公司提供各种类型的陈述和保证,约定多种多样的承销协议终止的类型,以及最重要的,约定承销费用怎么分。在这里就回答了 David 刚刚提到的问题,保荐人是不是一定会做承销商。我们见过有一些项目有 2~3 家承销商临时加进来,帮忙一起卖股票。但是在结算承销费用时,由于保荐人很熟悉整个项目的情况,也很熟悉公司的情况,它在承销方面会有比较大的优势,赚取的承销费用的分成比例也会比较高。承销费用是投行这一单项目收入的最大头,当然这笔费用也是一个天文数字,往往和首次公开发行募集资金挂勾。

David:

听起来这个过程相对而言对抗性没有那么强,各方也是相互配合进行股票的发行,为什么还要大概一个月时间,有的项目时间甚至更长呢?

Ryan：

从整个项目的层面来说，在这个阶段正常而言已经忙活了大半年的项目，监管也已经给了“绿灯”，没有什么特别的障碍就会比较顺利地上市。但是如果有一些特别的影响因素存在，比如市场不好，或者政策波动比较大，公司想的是好不容易突出重围，能够早点上市就早点上市，万一哪天政策的“靴子”落地，或者新出来一个法规甚至征求意见稿，影响公司业务板块，引起联交所或者监管机构的重视，随时可能叫停相关项目，要求公司去回应新出台的这些政策，甚至重新进行聆讯，那么整个上市时间表就会严重向后推移，有可能整个上市就泡汤了。即使在市场不好的情况下，对于公司而言，只要能上市，之后还是可以通过业务运营或者上市后的融资方式再进行融资，让自己的股票更值钱。

但是对于投行而言就不一样了，投行在这过程中是拿一次性佣金的，对于他们来说忙了大半年甚至是一年多，好不容易要赚钱了，当下市场不好，他们可能会想再等几个月，等到春季或者秋季市场比较稳定地回升，同样的项目能够多拿几成的佣金。那么在这个时候就会出现矛盾和利益冲突，很多项目进行到这一步，公司和投行无法达成一致意见，双方就反目成仇、分道扬镳了。

David:

这个很有意思,公司是担心政策的不稳定性,想要早点完成上市这个事儿,投行可能想要等到市场热度起来后多卖点钱;但其实投行也得承担一个风险,就是如果拖了几个月到要上市的时候,因为某个政策"靴子"落地,可能导致重新聆讯,甚至上市整个儿黄掉。

Ryan:

是的,投行也要承担这个风险;但是对于投行来说,可能手头有几十个项目,这个项目只是其中之一。不管是律师还是投行,都会计算投入的人力成本、时间成本,在这个项目上可能仅仅延后几个月就可以拿到翻倍的收入,衡量之后它是能够去承担这样的风险的。

David:

但对公司而言,当下上市就可能是它的"全部"了。

Ryan:

是的,对于公司而言,它相对来说可以忍受发行价不是特别高。因为如果它对于自己的业务有自信的话,之后股价也会稳步上涨,同时也可以通过上市后融资的一些手段,比如通过一些公开市场的融资、并购去获取资金,这种融资渠道是比较灵活的。但是如果没有能够成功上市,它的融资渠道就不会很灵活,尤其是在政策已经明确出台限制这类行业之后再进行上市的话，从投资人的角度而言，没有办法通过扶持公司上市的方式来进行变现，那么整体市场对于这个行业的投资热情、对整个赛道的投资热度都会下降。因此对于公司来说，在政策波动比较大的情况下，上市和不上市的差别比较大，这也是很多公司着急要尽快完成上市的原因。

David：

我听下来，这个环节公司可能并非真正意义上的甲方了，聆讯通过后，最终挂牌上市以及股票的承销，其实是跟投行有很多（明面上的或者暗地里的）微妙的博弈的，到这个阶段公司是不是也没法换投行了？律师在这个层面，已经没有太多工作可以去补充做了，位置是否就很尴尬？作为律师在这个过程当中如何平衡这种微妙的关系？

Ryan：

确实，在这个过程当中可能会存在很激烈的博弈，在当前这个阶段去换投行其实是不太现实的。因为如果此时投行辞职不干，大家肯定会知道内部已出现很大的分歧，公司不敢在这样一个情况下去换投行。所以这个里面有一个相对制衡，甚至投行显得比较强势的博弈。回到我们的行业，作为律师这类从事法律方面业务的专业人士，我们要清楚自己的业务范畴，商业上的考量并非法律规则。同时我们要始终做好本职工作，不能因为工作上的问题，如文件撰写发生错误，或者文件准备的延迟，影响整体的发行计划。

7. 律师在港股 IPO 中有哪几类？分别扮演怎样的角色？

David：

这一整套流程确实相当复杂。在上述交表、聆讯和最终上市这三个阶段，有好多机构都参与其中，投行也在不同阶段扮演着不同的角色。我想问问在 IPO 项目当中，到底有哪些机构会参与，他们扮演怎样的角色，律师又发挥怎样的作用？这是我很感兴趣也是我们很多听众都想了解的话题。

Ryan：

和其他的一些领域比如诉讼领域、投融资领域不太一样，一个 IPO 项目几乎囊括了这个行业全部类型的中介机构。先说一下法律顾问层面，因为我们面对的公司主要营业地都在境内，所以一般而言律师方至少有 4 家，分别是公司方的境外律师、公司方的境内律师、保荐人方的境外律师和保荐人方的境内律师。如果上市集团还涉及其他法域，则还需要各个法域的法律顾问。

David:

近年来争议很大的红筹结构上市通常就会请一个开曼法律顾问。

Ryan:

是的,如果公司采用所谓的红筹结构,就是上市主体的设立地在开曼群岛,通过间接持股的方式来控制境内的运营主体(这种情况是比较多的),就需要聘请专门的开曼律师。现在申请上市的公司中有很多互联网公司,这类公司的特点就是突破地域的限制。除了开曼以外,它的销售地市场遍布多个国家,那么理论上也需要每个主要销售地所在国家都有法律顾问出具相关的法律意见书,来说明该公司在当地的合法合规,以及配合进行相应的尽职调查工作。

David:

尽职调查工作是由哪一方牵头的?我直观感觉是保荐人和保荐人请的律师,因为正如您刚刚介绍的,保荐人更像是公司上市的一个担保方,它不仅要围绕公司的业务进行工作,还得面对将来公司上市后的大众投资者以及证监会和联交所的问询。

Ryan:

是的,尽职调查工作是由保荐人方牵头,由保荐人的律师配合。因为 IPO 当中尽职调查的要求比较高,涉及的范围也比较广,联交所为了统一标准,在上市规则中专门有一个附录来规范保荐人的尽职调查工作。

David:

除了前面提到的业务层面的划分,在具体工作中怎么分工呢,能否打个比方来说一下?直观地介绍感觉有一点抽象。

Ryan:

打个比较粗糙的比方,我们去类比在学校接触比较多的仲裁模式,或者我们理解成法庭的模式都可以,当事人带着一个诉求来找诉讼代理人,诉讼代理人进行申请书的撰写和提交等程序性工作。诉讼代理人会把当事人的情况整理成法言法语,即仲裁庭要求或者说是他们熟悉的语言模式,表达清楚整个案件的背景和诉求,并且按照仲裁庭要求的文件格式和清单来准备和提交相应的文件。这样,经过代理人的梳理和把关,仲裁员层面的工作就是关注事件本身,因为他所接收的文件的程序是相对规范化的。诉讼代理人此时扮演了一个连接仲裁庭和当事人之间桥梁和纽带的角色。我在学校期间参加过模拟法庭,当时给我印象特别深的一个逻辑和理念是作为一个诉讼代理人,无论代表申请人还是被申请人,在仲裁员或法官面前呈现的不是一个和对方代理人辩论的过程,更不是和仲裁员辩论的过程,而是作为一个助手来帮助仲裁员或法官来了解事实的真相,协助他们梳理逻辑,最终做出判断的过程。

整个 IPO 的过程可以理解为一家公司有它的诉求，就是想要挂牌上市；联交所和监管机构就类似于仲裁庭，来审查公司是否满足挂牌上市的条件。保荐人此时就类似于诉讼代理人的角色，他要去了解和明确公司是不是能够满足挂牌上市的要求，然后协助公司按照联交所和监管机构的要求，以一定的格式来讲清楚公司的情况，呈现出来的就是一本招股书，以及按照要求提交的一系列表格，完成各项所需要的工作，来把公司情况整体梳理一遍。梳理完成后用市场和监管机构所熟悉的语言模式翻译好公司的情况，作为交易所和公司之间沟通的纽带。

可以说在整个香港上市过程当中，对于公司而言，保荐人既是一个代理人，也是一个领路人，也就像 David 刚刚所说的是一个担保人。从规则层面来引领公司，满足上市规则；从商业层面来引领公司讲好它的投资故事；从合规层面来担保公司能够满足上市条件；在市场上呈现出公司有特色、有吸引力的形象。在具体项目进展过程中的一些具体时间节点，因为公司其实是第一次接触上市的全过程，所以很多事情都需要保荐人来引领、协助，像是我们接下来的重点是什么，我们要注意什么样的要点之类；所以说在整个项目进程中，总领项目的两个角色就是公司和保荐人。保荐人一般由大型的投行来担任，如大家比较熟悉的中金、高盛、美银、海通、大摩、小摩等，保荐人的作用就是先替联交所及证券监管机构把关，通过尽职调查的方式来了解公司的实际情况，验证招股书的真实准确。

在明确公司满足监管机构的要求之后,由保荐人出面向联交所提交申请资料。联交所与证监会在收到资料之后进行审查,对公司的情况进行问询,并且要求公司进行答复;或者由保荐人来进行补充尽职调查以了解情况,直到前面所说的聆讯阶段,聆讯之后通过上市申请并且出具一份对于上市申请的无异议函。在这个过程当中,联交所和监管机构基本上都是和保荐人进行沟通的,一般而言会避免直接和申请人也就是和公司进行沟通。

David:

这就好比法官会找律师,不会直接找当事人。

Ryan:

是这个逻辑。如果保荐人在过程中有虚假陈述,或者尽职调查没有做到位,导致提交的资料存在不真实、不准确的情况,那么即使公司已经上市,甚至是上市多年之后,监管机构仍然有权对保荐人进行处理,当然对公司就更不用说了。

David:

这就像涉及虚假陈述的中介机构也要承担责任。现在我们了解到很多律师事务所也都在被调查甚至被处罚,这两年这类案例相比之前要多很多。

Ryan：

是的，近两年查出很多。我们也可以看到近期出现的一些新闻，调查的并不是当下的情况，是几年前出现的一些虚假陈述。随着证券市场建设的不断完善，我认为这种监管的规范管理也是大势所趋。

在整个上市的过程中，香港上市不单纯是一个法律问题或者说是对合规规则的回应；上市除了需要法律顾问之外，还有很多专业顾问参与，这一点是和其他执业领域有区别的。常见的专业顾问包括在财务层面提供专业意见的审计师，包括我们常听到的四大会计师事务所（普华永道、德勤、毕马威、安永），还有提供行业相关意见的行业顾问，提供印刷和翻译服务的印刷商，提供公关服务的财经公关公司，提供证券登记服务的证券登记商，提供银行收款服务的收款行，提供公司秘书服务的秘书公司等，根据不同项目需求还可能增加。例如，提供评估服务的物业评估师，近期新增的提供数据安全合规服务的专门律师等。

David：

确实相当复杂，既然能够把印刷和翻译服务专门做成一个中介机构，确实也是足以体现专精的程度了。说了这么多关于投行的事情，我觉得对于我一个非 IPO 执业律师而言，吸收了非常多的新鲜知识。回到律师的层面，律师在这一整套复杂流程中又扮演着一个怎样的角色呢？

Ryan:

我自己认为参与 IPO 工作的律师团队可以分为两大类。第一类在招股书中被定义为专家,就是针对具体的事项、具体的规则来发表意见。比如开曼法律顾问,会针对公司在开曼法下的有效设立、合法存续等发表意见。我们境内的法律顾问会梳理公司境内附属公司的情况,针对他们的成立、股权变动、知识产权、物业资产、法律纠纷、VIE 架构设立等具体事项出具法律意见。在没有法律规定的情况下,公司也好,保荐人也好,都会要求这些专家提供对现有法条的解读,或者联系相关主管部门进行访谈,进而说明公司不存在重大违法违规的情况,或者被处罚的可能性很低等。最近我国有多个条线的规则在进行不断的完善,在项目上我们也遇到很多问题需要相关的法律顾问来提供政策的解读预测,并且给出法律意见来作为支撑,这些都是我们所说的由专家来提供的法律意见。

David:

我在工作中也参与过一些项目,给一些境外上市的项目出过法律意见,就是描述这个公司在中国法背景下的一些监管责任和法律风险,最后呈现出来的就是在招股书中的一小段文字。聘用我们的大部分都是特定的投行或者境外律师顾问,那么我们准备的法律意见最后是由谁反映到招股书或者提交材料中的呢?

Ryan：

这个问题问得比较好，法律意见最后是由“写书”的律师反映到招股书当中的。所谓“写书”的律师包含在我要讲的第二类律师里面，就是公司及保荐人的境外律师。一般而言这里主要指香港律师，我认为可以称为管家型律师。这第二类律师，对于项目上几乎所有的事务都要进行处理，从香港上市规则层面来对于这些事务进行解读和提供参考意见。因此，从某种层面上而言，是对项目从上市规则层面进行一个全盘的把控，并且也需要和前面所说的一系列中介来进行沟通。稍微展开一点来说，公司方的香港律师是公司的法律顾问，最核心的工作就是进行招股书的撰写，一般而言会有五六百页的内容，主要包括两个方面：一方面要论述公司是合规的，在各个方面都能够满足上市规则的要求，这个股票是可以挂牌上市的；另一方面要论述公司是比较优秀的，业务模式比较特殊，盈利模式可持续，市场排名很优异，增长前景很广阔，因此买我的股票是可以升值的。

David：

合规这块儿由律师写我觉得没有问题。有关业务和增长点的描述也是由境外律师写吗，还是说投行也会参与写作过程？

Ryan：

公司和投行都会就这些方面来进行讨论，但是最后实际的撰写,因为涉及文字的处理,以及我们刚刚所说的对于行业的描述,也有相对应的上市规则的一些要求,所以一般而言落实到纸面上还是由律师来负责的。

接下来也可以再简单介绍一下保荐人香港律师的角色,他们是从保荐人的角度去落实公司的情况,并且从上市规则的角度来协助保荐人进行判断。比如公司说自己的利润来自和供应商客户之间的一些交易,那么保荐人以及保荐人的律师就要通过尽职调查去判断这些交易是不是真实发生的。例如,公司打算在招股书中写自己多么厉害,那么这时就要去看公司是不是真的这么厉害,有没有什么支撑材料,比如一些新闻,或者其他一些证明文件。

David:

也就是说,我们常提到的“做验证”讲的是这个维度的事情。

Ryan:

对,其实就是刚刚说的尽职调查和验证等方面的工作。

David:

我听下来感觉保荐人香港律师一定要非常精确地把握联交所和证监会的“口味”。保荐人的香港律师能力的高低,也在于这些律师对于审核端的审核机构标准的揣测和预估水平。因为法律会有很多清晰、明确的规定标准,但可能也有一些表达得没那么清晰，甚至故意模糊化表述的要求，能否准确判断，就在于保荐人的律师和监管机构的匹配程度，匹配程度高就能提高项目过会的概率。

Ryan：

是的，保荐人香港律师在对一些规则的把握上，会很大限度地去协助保荐人和投行进行判断。同时，公司方的香港律师在招股书撰写具体层面上，比如针对某个问题，如何回复联交所或者证监会，他们究竟是一个什么样的尺度口径等，也是需要去掌握的，或者说需要去熟悉联交所和证监会的"口味"。对于一个团队而言，做过比较多类似行业的上市，处理过类似棘手的问题，或者能够稍微打探到一点联交所或者证监会的口风，都是很必要的。

这也是我们在最开始的时候所说的，一个比较有持续性或者有成长性的团队，实际上是要瞄准一个或者多个行业的。你在这个行业内做出一些名气，可能会产生一定的头部效应，这个团队就会比较容易地解决很多问题，或者说很多问题在他们看来并不是太大的问题，因为同样的问题在之前的案例中遇到过，并且已经妥善地解决了。

02

第二讲

大家对民商事争议解决律师都有哪些误解？

马晨轩（Chason） 徐浩哲（David）

2022年2月22日

1. 争议解决律师会天天在法庭上吵架吗？

David：

我当时没有选择诉讼行业，而选择做非诉律师，一个最大的担忧就是诉讼行业的对抗性很强，说白了就是可能吵架比较多，我自己可能吵不过别人，也没有什么参加辩论队的经历。所以我想了解的第一个问题就是，工作过程当中这种对抗性强不强，或者说吵架多不多？

Chason：

诉讼的对抗性确实是比较强的，但是对抗不是我们的目的，我们的核心目的是说服法官。这个说服包括两个方面：第一个方面是文书的表达，第二个方面是庭审的表达。第一个方面，比如我们在写代理意见的时候，会根据法官总结的争议焦点来写。

所谓争议焦点，相当于法官布置的一篇命题论文，我们需要阐释自己的观点，同时驳斥对方观点不成立的地方。当然只是观点的堆砌也是不够的，对于法官而言，他们需要的是有证据支撑的事实和有法规依据的观点。

David：

刚刚提到“有证据支撑的事实”，什么样的事实在法庭或者争议解决过程中才能算是有证据支撑？我曾经听到一位诉讼律师在某个讲座中发表过这样的观点，说在法庭上打官司，一半时间甚至更多的时间是在“打证据”。您接触到的民事诉讼争议解决，确实是这样的情况吗？

Chason：

确实是如此，可以这样理解，在庭审过程中的每一句话，除了法律的适用和事实的推理这种不需要证据来证明的内容以外，其他的内容都是要有证据的。比如我说在某年某月某日双方签了合同，那就需要有双方签署的合同作为证据。假如对方对此持有异议，我们可以同时准备一下合同是在什么地方签订的、是谁准备的合同模板、当时在场的人都有谁等背景情况，可以更好地说明这个问题。

接着说文书表达这方面，好的文书应当能够帮助法官快速地厘清双方争议的核心问题，也能够在法官决定采纳其中一方观点的时候直接进行摘录引用，相当于我们提前帮法官想，如果法官愿意支持我方的话,这个判决该怎么写。作为诉讼律师,能够看到自己的答辩意见或者代理意见在法院的判决文书中被原文引用,是在胜诉之余更有成就感的一件事情。

David:

那关于庭审的表达呢?

Chason:

刚刚你也提到了辩论赛的经历,其实庭审并不是一个辩论,不以驳斥对方的程度作为胜负的评价标准,庭审的核心还是在于刚刚说到的说服法官。只不过说服法官的工作之一,还要包括预防对手用自己的观点把法官带跑。因此在庭审活动中,我们对于对方的观点并不倾向于立刻反驳,而是仔细听取之后关注其反映的本质,然后回到自己的论证体系基础上。

举个例子,比如被告当庭不认可某份基础合同的效力,主张这份合同并非本人签的,我们立刻就回应"这是你签的字,笔迹都是一样的",这并无太大意义,毕竟法官也可以通过肉眼自己看出来。如果法官并没有立刻要求我们对此进行说明的话,我们可以考虑在辩论阶段,结合整体交易的情况来进行说明。比如我们可以说不论对方是否签署了合同,他已经以实际的履行行为表示了对合同的认可,双方已经达成了合意,这样的话这个合同就是已经成立并且生效了的。

David：

我也很想分享一下非诉领域的情况。刚刚提到我没有选择诉讼行业是有点担心对抗性的问题，但其实我接触非诉领域后，也意识到非诉也并不是毫无对抗性的，很多并购交易的对抗性非常强，而且相比诉讼更加接近双方吵架的状态。之前参加过的一些并购项目，可以说是天天跟交易对家和对家律师吵架了。因为交易大部分都是在民事法律允许范围内的双方合意约定的范畴内，不会有一个法官在那给你明辨是非，说谁对谁错，所以很多时候就是“吵出来一点是一点”，对抗性非常强。

2. 日剧《Legal High》[①]中的古美门律师是 Chason 心中的“白月光”

David：

不管是法学院出来的同学，还是社会大众，对于诉讼律师的印象，很大程度上源于美剧、英剧中的场景，现实中的诉讼律师和这些影视化的作品当中的律师形象有哪些不同？

① 《Legal High》，中译名《胜者即正义》，是日本富士电视台于2012年4月17日首播的电视剧。剧名被喜爱这部剧的“粉丝”们音译为“李狗嗨”。

Chason：

两者确实存在差异。我印象最深的其实并不是美剧里面那些风度翩翩的律师，而是一部叫作《胜者即正义》的日剧中的律师古美门，他享有100%的胜诉率，人本身比较“毒舌”，也很有才华，非常具有个人特色，令人印象深刻。

David：

有一个令我困惑许久的问题：什么叫胜诉？庭审结果在很多时候并非单纯的输赢二元结果论，这会影响胜诉率的统计。举个例子，比如我方当事人被起诉，对方主张我方当事人还钱1万元，这本身就是一个我方很不好打的官司，但是在我们的积极努力下争取到了只用还7000元，这种情况我觉得其实可以当作胜诉，因为原本你是要还1万元的，但是我帮你争取到了少还3000元。但是从法院判决结果上来看，它确实又是判被告还原告钱，原告大部分的诉讼请求得以成立。所以在争议解决的圈子内，胜诉率是怎么计算的？

Chason：

这取决于客户在最初委托时候的要求。因为现在大多数案件会采取风险代理收费的模式，最后的诉讼结果往往也和律师的利益相关。所以当事人和律师都会倾向于事先明确约定好什么叫作胜诉，或者说是约定好支付风险代理律师费的条件。如果当事人这边比较严格，比如我们之前有一个代理被告的案件，客户就明确要求胜诉的风险代理律师费的支付条件为免除客户全部的赔偿责任，也就是说在这种条件下他们才会支付风险代理律师费，那么这就属于一个比较严格的胜诉要求。但也有比较宽松的，比如说债权人只要能够通过诉讼得到回款，就可以视为胜诉，并且会按照相应的比例来支付风险代理律师费。

David：

回到刚刚提到的“李狗嗨”，我觉得“李狗嗨”是一部极度影视化的作品，甚至使用了偏向话剧的夸张的呈现方式，我觉得现实跟这种特别极端的例子还是有一些区别的。

Chason：

是的，我感觉有两个差异，第一个差异就是诉讼律师的庭审表达还是更口语化，并且更注意表达的语速。由于目前审判人员手头的案件量非常大，法官在开庭的时候对案件材料不一定像律师一样熟悉。假如像古美门律师一样，用非常复杂的语句或者非常快的语速去表达的话，不仅法官难以理解，书记员可能也没有办法准确记录。

David：

我在跟诉讼团队合作的一些项目当中，经常帮他们做 PPT，用争议解决圈内的行话来说就是“诉讼可视化”。

Chason:

对。这样可以方便法官在我们口头表达的时候跟上我们的思路;当然如果做诉讼可视化,在开庭前最好还是跟书记员提前说明一下,让书记员提前准备好投影器材之类的。

3. 法律人应该“冷酷”,而非“冷漠”

Chason:

第二个差异就是现实中律师在庭审活动中并不会做太多煽情的表达。影视剧为了体现某些内涵,往往会借律师之口把一些“高大上”或者很动人心弦的台词说出来,显得很爽很酷。而现实中律师的工作状态并不是这样,咬文嚼字审慎表达的成分更多,比如诉讼律师习惯表达:根据双方提交的证据和法律的规定应该是怎么样。当然也不是说高度的专业化就要完全替代情感共鸣之类的偏主观化的表达,而是说我们需要注意的是共情和煽情是两码事。我个人感觉在一些特殊类型的案件,以及法官也在摸索自由裁量限度的案件中,比如涉及公共利益和个人利益相平衡的案件,使用共情往往可以取得比较好的效果。但是即便律师要进行情感表达,也应当采取理性的措辞,通过事实描述等途径,相对克制地传递个人的情感,而不是像古美门律师一样不停地进行价值观的输出。

David：

这点我完全赞同，律师以及其他法律人工作群体的一个特点，就是不能受情绪影响太多。我在学校听法理学课程的时候，朱苏力老师的一个观点就给我留下很深的印象：法律人要时刻保持冷酷的状态，但这个冷酷并不是冷漠，而是需要你时刻保持冷静、理性的头脑。

4. 如何看待律师业务的"高端"与"低端"？

David：

结合我最近对律师圈的观察，似乎大家有时候会觉得非诉业务比较高端，因为很多交易律师经常西装革履，头发梳得很油很亮，而诉讼业务在国内大环境下给人感觉会比较"接地气"。站在诉讼律师的角度会怎样看待这种观念？

Chason：

诉讼律师如果穿得像非诉律师那样西装笔挺，一般来说是去见客户的场合。但是去见法官的场合，如果你穿着很贵的西装，可能并不合适。一方面，严格来说，律师进入法庭是要穿律师袍的；另一方面，律师穿着派头太大，可能引发不必要的抵触心理。所以去开庭的时候，穿相对朴素、整洁一点的西装或者衬衫,效果可能更好,这很微妙。

关于非诉业务比较高端、诉讼业务比较“接地气”的印象,我也是可以理解的。但其实不论是从事非诉业务的交易律师,还是从事诉讼业务的律师,所接手的案件,我理解都有高端和低端之分。我想如果是一个非诉的大客户遇到一点法律事务上的小麻烦,即便这个业务并不高端,非诉律师一般也不会拒之门外。

David:

确实是这样,所以我也一直在思考,律师行业在讨论何为高端业务、何为低端业务的时候,其实很大程度上都是在讨论你手上的客户是否高端,比如是不是世界 500 强企业、是不是跨国公司、律师费高不高等。法院层面是如何划分案件类型的呢?

Chason:

最高人民法院在 2022 年出台的几个关于中级人民法院管辖金额和法院职能定位的文件,都表明诉讼类法律服务也是正在分层的。

我理解的高端业务主要是指重大、疑难、复杂的业务,这种高端的业务也是每个诉讼律师都想做的。但是坦白讲,只有行业里凤毛麟角的一小部分人才有缘遇到和处理这类业务。因为这类重大、疑难、复杂的案件毕竟是少见的,做好这类案件不仅需要出众的业务能力,还需要一定的市场能力。

所谓低端业务,可能叫下沉业务更合适一些,个案的标的金额相对较小，而同类需求的数量相对较大，往往都是批量案件，如银行信用卡的催收业务，再如我近些年做得很多的证券市场的融资融券业务。此类纠纷中一般采用的都是格式合同，法律争议焦点也是相对比较明确的。

下沉业务，确实就像您刚刚说的，会相对“接地气”一些，其中婚姻家事、交通事故这类案件就很常见，律师也会在他们的自媒体上做此类法律知识的宣讲，便于他们从大众市场上获得流量和业务。如果你在自媒体上宣讲 IPO、股权收购等法律知识，老百姓可能就不会“买单”了。

5. 并非所有诉讼律师的性格都很像“刺儿头”

Chason：

不是所有诉讼律师的性格都很像“刺儿头”，有的诉讼律师就平静温和，不喜欢与人发生争执或者冲突。所以诉讼律师虽然通常会置身矛盾的旋涡中心，直面怨气和争执，但是毕竟我们只是诉讼代理人，而非直接的利益冲突方，所以除了必要的对抗表现之外，其实不会太有攻击性。

David：

这是否近似一种“见得多了所以内心也就毫无波澜”的状态？

Chason:

也有可能。另外因为毕竟不是自己的事情,所以多少也是存在一点情绪隔离的。

David:

我个人粗浅地总结一下,就是“见得多了”和“事不关己”这两种心态结合在一起。

6. 如何应对日常生活中的“白嫖”咨询?

David:

你们会遇到“白嫖”的情况吗?我觉得诉讼律师在日常工作中可能被“白嫖”比较多。

Chason:

这也是我想澄清的一个问题,就是“白嫖”虽然讨厌,但确实是一种增强信念和积累经验的方式。比起非诉律师,诉讼律师往往更容易独立,这是因为诉讼律师就像个体户做生意一样,不是所有的当事人来咨询都会达成委托的,有的会达成委托,有的就只是来问一问,如果后面没有发生相应的纠纷,自然也就没有必要来委托诉讼律师。

由于大众对于律师处理事务的普遍认知基本上都是关于争

议解决的,所以律师身边的亲朋好友如果遇到法律问题,往往也是在争议解决业务的范畴内进行咨询,比如劳动纠纷、人身损害、民间借贷等。在这个时候应对“白嫖”就可以培养自己直面客户的能力,同时也可以通过帮助别人切实解决问题来获得更强的职业成就感和满足感。

7. 诉讼律师为何有时候给人一种“鱼龙混杂”的感觉?

David:

普通法系国家和地区(如英国、我国香港特别行政区)会区分大律师(barrister)和事务律师(solicitor),就是对出庭的大律师和做交易类型的事务律师进行资质和业务的划分,但国内的诉讼行业有时候会给人一种“鱼龙混杂”的感觉,怎么看待这一点?

Chason:

出庭大律师和事务律师在普通法系中确实存在完全不同的职业发展路径;未来想成为出庭大律师的法学院学生会侧重司法判例以及诉讼法方面知识的学习,而想成为事务律师的学生往往侧重商法、公司法、合同法等实体法的学习。但是咱们国家,香港特区除外,并未采用这种划分,也就是说你既可以选择做出庭律师,也可以选择做非诉律师。

我理解这是因为在我国有些相对贫穷偏远的地区,一个小镇能有一名律师都实属难得,所以如果限制律师的执业范围,可能是不太符合国情的。但是我也理解律师的专业化对律师服务水平提出了更高的要求,这也是市场发展的一个趋势。像我们平时在投标的时候,很多客户会明确要求我们提供与需求业务相类似的业绩。比如客户是一个融资租赁公司,而我们此前未有处理融资租赁合同纠纷的业绩,那么很有可能会被客户质疑我们的专业程度,从而落选。

***David*:**

这一点我完全赞同,就是将非诉业务和诉讼业务区分开来其实未必适合当下我国的国情。比如说在你刚刚提到的一些偏远地区,不管是“万金油”律师也好,还是“赤脚医生”也好,在当地一定发挥着非常重要的作用,在地方工作运转中也是不可或缺的。但反过来说,对诉讼律师和非诉律师进行官方的划分,在法律市场的发展程度和社会经济的发展程度层面上,和当下我们社会的情况确实是有一定区别的。

Chason:

是这样的,至于刚刚提到的诉讼业务呈现“鱼龙混杂”的局面,可能和诉讼业务本身需要相对广泛和系统的理论知识作为基础也有一定的关系。比如一个做婚姻案件的律师如果不懂合同法,不懂房地产的法律,不懂股权和公司法,不懂保险相关法律知识，那么很有可能他的婚姻家事案件和相关的业务都没有办法开展下去。再加上诉讼律师独立之后往往是有案件就做，久而久之，市场上的诉讼律师就都变成“万金油”律师了。

David：

据我观察，越专业、越高端的业务，客户越愿意用更大的资金投入来进行某项法律工作，客户就需要遴选最懂这个领域的律师来处理他的这个事儿。所以投标中也就会需要提供大量的类似案例和业绩来证明你在细分领域的熟练程度和专业程度。拿医生来类比，那些上了年纪的有名气的专家教授，到职业生涯的中后期，可能也就专门去做某一类特定的手术了。

8. 诉讼律师是否也需要处理一些非诉项目？

David：

我跟不少做争议解决的朋友聊过，很多律所的争议解决团队也在处理大量的非诉工作，比如破产重整、合规调查，这两类是最典型的。这在诉讼圈内来看是一个普遍现象吗？

Chason：

我感觉是相对普遍的。诉讼律师处理非诉的工作，在前些年来看，多是常年法律顾问业务，比如帮公司提供一些关于劳动人事以及公司开展的业务合同等方面的法律咨询,但是近些年也有一些破产重整和合规咨询的业务。

说一下破产重整业务。我所在的律所列在北京地区法院的破产管理人名录中。有一些小公司的破产重整案件,法院会采取随机摇号确定管理人的方式。前些年我就有幸作为摇号确定的破产管理人团队的一员参与处理相关的工作。除此之外,我们也会代表部分债权人向破产企业申报债权,并且处理相关衍生的诉讼,如破产债权确认诉讼等。在刚刚说到的合规调查业务领域,我们主要做的还是相关的合规法律咨询,破产这部分做得相对少一些。

举一个之前做过的比较有趣的案例,一个交友类 App 曾经和他们的一些会员发生过诉讼,想请我们从降低诉讼风险的角度帮他们想想办法,在这个服务过程中就可能涉及一些比较细节的法律问题,包括附条件的赠与、反不正当竞争、广告、专利、个人信息保护等多领域的法律问题。所以我们对这些领域做了广泛的研究,并且提供了关于降低诉讼风险角度方面的建议。

David:

我觉得这是两个维度的事儿。一方面,不论诉讼还是非诉,涉及的民商法的逻辑跟功底其实是相通的,说白了也都是在处理民事、商事的法律关系、法律纠纷。另一方面,律师的学习能力也是专业程度的一种表现,特别是面对一个新问题,快速检索法条，并给出初步分析的能力，也是衡量当下律师专业程度的一个重要标志。我作为非诉律师，在日常的工作备忘录中也会给客户提一些如何降低诉讼风险、应对诉讼的初步意见。但如果再往下真的走到出庭这一步，肯定还是只能交给诉讼律师去做。

9. 遇到不易沟通的当事人，相当常见

David：

很多人多少会担心进入诉讼团队以后，会被迫去处理一些看起来鸡毛蒜皮的事。在这里我要澄清一下，我并不是说这些鸡毛蒜皮的事是没有意义的，只是有些事务数量比较多、比较繁杂，肯定也会涉及和很多不易沟通的当事人掰扯，你有遇到过这样的情况吗？如果遇到了，在心态跟工作上又是如何处理的？

Chason：

遇到不易沟通的当事人，这种情况实在相当常见。通常而言，我们律所接受的自然人客户的诉讼委托其实比较少，但是即便我们代理的是公司这一方，遇到的对方当事人也很有可能是一位自然人，而这些自然人在面对跟自己利益相关的事情时，我们沟通起来就需要讲究技巧了。

David:

与人沟通其实在各行各业真的都是学问,大部分情况我们面对客户时需要客气一点,但有的时候也要把握好尺度,我觉得太过客气未必是在所有场合都合适的,特别是当涉及专业领域原则的时候。

Chason:

就拿我此前处理的批量的融资证券交易纠纷案件来说,这类案件法律关系相对简单,说白了就是当事人借证券公司的钱去炒股,这类案件的案情一般都是高度雷同的。庭审结束后,基本上这类案件的判决结果也没有太大的悬念,但是这类案件除了走流程以外,更重要的是回款结果;这就需要和对方当事人协商还款方案,双方去定好方案之后,再通过诉前调解、诉中调解或者执行和解等方式进一步确定下来。所以对于这类案件,起关键作用的还是谈判技巧。

David:

诉讼律师对这种看似细节的掰扯跟沟通,对这种尺度的拿捏是非常宝贵的实战经验。诉讼本身是一个维度,但其实我现在逐渐意识到如何处理执行过程中的问题也是非常关键的一个维度。我工位边上有位做争议解决的朋友经常抱怨,官司明明已经赢了,但执行能拖上半年、一年甚至更久。在执行这个维度，律师能发挥什么作用？

Chason：

如果一个执行案件已经立案了，那么按照规定，它确实是有相应的执行结束的期限的，所以执行法官本身也会比较着急。但是因为这两年的案件太多了，执行法官人手可能也不够。我理解目前执行法官人手肯定比诉讼法官少，而且执行层面的规定和诉讼层面的规定相比，确实也会相对模糊一些。所以目前从总体上来看，除非当事人能够事先掌握或者控制对方的财产，并且向法院提供相应的财产线索，否则可能还是得依靠法院的职能去调查和处置财产。

调查和处置很大程度上依靠执行法官来处理；但是近些年也出现了很多专门做执行的律所和律师，他们在充分利用执行程序的同时，还在财产线索的调查方面非常有心得。这个时候律师就有点类似于侦探了，所以我理解这块儿可能还是有进一步发展的空间的。

10. 法庭上收获的宝贵经验和趣事分享

David：

从民事诉讼律师的角度，有没有一些跟法院或者法官打交道的有趣的事情,或者一些经验技巧可以跟大家分享的?

Chason:

第一个技巧,对法官在庭审的时候偏袒一方的情况的处理。一般情况下法官都是客观中立的,但是也不排除会遇到我刚刚说的这种情况。那么在这种情况下,我们不能真的在庭审的时候去跟法官辩论,因为所有的人在辩论的时候都会捍卫自我,当法官捍卫自己的立场的时候,你就更难去说服他了。但是律师在不产生正面冲突时也要坚持自己的立场,我们可以在法官的必经之路上设置一个他无法回避的问题,并且反复地强化和突出它。

比如,我们曾经在一个外地的基层人民法院处理一个劳务纠纷案件,原告的代理律师一进法庭就表现得和法官非常熟悉,这对客场作战的我们就很不利了。我们在本案中申请了证人出庭,原告当事人和证人对质的时候,原告当事人做出了不利于己方的自认,法官还当庭暗示原告说话要谨慎,并且没有在笔录中记录自认内容,所以庭审倾向对我们不利。

我们这个案件不可避免地涉及一个法律问题:是否构成表见代理。我们作为被告的代理人,即便法官没有故意问一些对我们不利的事实,我们也要坚持反复地强调表见代理的构成要件,因为法律问题是法官在写判决书的时候必须解决的一个问题。在我们充分地表达了我方的观点,说明本案并不能构成表见代理的情况下，虽然法官没有在庭审上直接认同我方的观点，但是庭审结束后没多久，法官可能也觉得原告这边实在是达不到胜诉条件，就劝说原告撤诉了。

再如，法官经常在总结完争议焦点之后问双方当事人对争议焦点还有没有补充或者修改意见，这时大家最好不要说有意见。即便觉得法官总结的争议焦点真的有遗漏或有问题，也可以以退为进。我们先说法官您总结的争议焦点我们没有意见，不过就是在您总结的第二个或者第三个争议焦点的下面，有没有可能再加一个小的焦点，就是某某问题。这样的话法官觉得心里舒服了，就可能把这个争议焦点也列上了。

第二个技巧，就是在举证的时候注意引导法官翻阅证据。有的律师在举证阶段、质证阶段都喜欢侃侃而谈，甚至直接和对方展开辩论。但是庭审的每一个环节都有它特定的功能，举证和质证阶段应当聚焦证据本身的内容，不宜过度发散，否则容易被法官打断，这也是法官往往会比较多地强调的一个问题。

因此在举证和质证阶段我们可以引导法官适时地翻阅一些比较重要的证据材料，甚至对我方提交的证据册副本中的相关重要证据和重要条款进行标识，一般我们会用便利贴或者荧光笔把它们给标画出来，这样可以方便法官快速锁定关键信息，确保我们表达的信息能够有效地传递给法官，这往往比精彩的辩论更加有效。

我们在处理案件的时候会提交证据目录,证据目录中肯定会涉及一些合同条款以及我方的证明内容等,那么法官可能就会问这个内容在合同第几条、在你们证据的第几页等。要是我们能够在开庭的时候及时回应法官的这些问题,就会提升庭审的效率,同时也可以加强法官的自由心证。

David:

诉讼律师多多少少还是靠经验吃饭的。结合你的从业经历,你感觉诉讼律师相比非诉或者其他行业,所需要具备的最重要的经验和能力有哪些方面?

Chason:

我感觉最重要的是四个方面:首先是专业能力,其次是敬业精神,再次是沟通能力,最后是职业道德。专业能力、沟通能力,其实我们前面多少都有涉及,就不再重复了。我想重点说一下敬业精神和职业道德。

敬业精神这方面需要律师有很强的责任心。律师代理不同的案件,收取律师费的差异可能很大,因此对不同案件的重视程度也会有所差别。对于法官来说,案件的标的大小、难易程度和案件的重要程度并没有必然的联系。而对于每个当事人来说,都是事关个人利益的大事;因此法官和当事人其实都希望每个律师在每个案件中都是尽责的。那么如果律师在庭审的时候对案件不熟悉,被法官问到一些事实,经常就说庭后核实,被问到争议的法律问题，就信口胡说，庭后也不提交书面代理意见，客观上确实会给法官留下律师不靠谱的印象，当事人也会觉得律师的工作不够尽职尽责。

David：

在非诉中更普遍的是给多少钱办多少事儿，这个确实很影响律师的心态，毕竟无论是团队还是律师，精力都是有限的，人的本能又是只愿意去做利益最大化的事情，我觉得从商业层面来说无可厚非。所以如何平衡律师费与你对案子的实际敬业程度，这确实就是一个良心问题，也是需要拿捏一下尺度的。

Chason：

关于职业道德，虽然是老生常谈了，但是我也想要强调一下：这对于诉讼律师来说更为重要，因为诉讼律师出庭需要有相应的资质，律师执业证是诉讼律师的立身之本。如果我们违背了职业道德，甚至违背了职业纪律，不仅会影响客户和法官对我们的评价，甚至会威胁自己未来的职业发展。最常见的就是诉讼律师不能做存在利益冲突的事情，比如说我这边代理原告，同时我还收受了被告的好处，去做一些出卖自己当事人利益的事情，这肯定是不被允许的。

11. 当初为何抛下收入更高的非诉岗位,选择做诉讼?

David:

畅想一下未来,你作为一个执业多年的诉讼律师,对于诉讼行业或者争议解决的未来抱有什么样的期待?近年来,高校法学院的圈子里面,非诉律师要比诉讼律师的数量多很多。行业本身的特点是一方面原因,但另一方面原因可能就如刚刚提到的,非诉给人带来一种高端感,加上大家对于对抗性的天然的害怕,诉讼一直有一点被非诉压着的感觉。不知道你是不是有这样的感受,你觉得未来这种情况还会持续下去吗?

Chason:

我刚毕业的时候这种感觉是比较深的;但是影响选择诉讼业务还是非诉业务的原因,确实还是要分个人喜好和待遇条件这两方面。从个人喜好上来说,诉讼律师就像考古队员或者侦探,要从过去的线索中去拣选鉴别;非诉律师就更像是预言家,或者说设计师,对未来交易进行预设。诉讼业务由于直接面对法官和仲裁机构,律师的能力会侧重于法律方面;而非诉业务的核心实际上是商业服务,其能力的侧重是对于商业目的和安排的理解。所以在做选择的时候,正确评价自己的喜好偏向是很关键的。

David:

完全同意,我确实感觉非诉律师是更偏重商业理解的。

Chason:

从待遇条件上来说,非诉业务通常是可以持续进行的,可以为合伙人带来稳定的收入。而且一般来说,律师对于非诉业务的上手速度会比较快,会更迅速地融入项目工作,开始的待遇就稍微优厚一些,但是诉讼业务往往具有偶然性,合伙人和想要独立的诉讼律师都会面临比较大的案源压力。授薪制的诉讼律师虽然没有案源压力,但是在前期的待遇上和非诉律师相比确实会逊色一些,不过也不乏通过风险代理获得高额律师费的优秀诉讼律师。

David:

能简单分享一下当时决定放弃非诉业务而去选择诉讼业务的心路历程吗?

Chason:

其实我觉得还是出于个人喜好。当时从待遇条件上来说,诉讼律师肯定是不如非诉律师的。但是我确实更想发挥自己在法学院里获得的关于法律知识的特长,而且我对客户的商业服务这块儿不是特别感兴趣,所以最后选择了诉讼律师的业务方向。

David：

通过我执业的这些年,我觉得非诉和诉讼多少都面临着各自的一些困境。

我承认非诉律师在某些基础的工作环节上上手速度是比较快的,但是对于复杂交易和复杂流程的处理,还是需要挺长的时间去积累,才可以做到独当一面。比如第一讲谈到的港股 IPO 业务,其实就是从全局视角带大家感受一下非诉律师业务的复杂和难处。

此外,我感觉非诉律师是更需要团队作战的,因为大量的琐碎工作很难只由三四个人完成。据我观察,由合伙人带着两三个律师小规模作战是诉讼团队的常见模式;即便是打到高级人民法院或者最高人民法院的案子,在人手的数量要求上可能也不如非诉多。在非诉领域,大的尽职调查或者并购案所需要的人手超过 10 人的项目比比皆是。

收入这一块儿,结合我所听到的说法,在起步阶段,非诉的平均收入水平可能要比诉讼高一些。但我觉得其实到最后最赚钱的还是诉讼律师,毕竟有一个风险代理的环节在里面,非诉律师按时间收费的小时费率叠加很难赶上诉讼律师的风险代理费。当然这说白了都是"听君一席话"的观点,不管诉讼也好,非诉也罢,你做得厉害了,干啥都是可以赚钱的。

03

第三讲

如何认识“垄断”？ 互联网反垄断怎么变热了？

徐浩哲（David） 曹光宇（Gareth）

2022年2月12日

1. 反垄断律师做些什么？

Gareth：

作为反垄断律师，你们主要的业务类型是什么，比如帮企业提供一些合规性质的咨询？

David：

合规咨询是很重要的一块儿，是围绕客户提出的问题，从反垄断的角度去提供一些建议，是比较偏向日常的工作类型，有点像常年法律顾问。具体来说，客户会向律师咨询他们的业务模式、价格策略等是否会有反垄断层面的合规风险，并让律师提供一些整改建议。

反垄断律师也会协助客户应对监管机构的调查问询。另外，比重很大的一块业务就是经营者集中反垄断申报。很多国家都规定，对于达到一定标准的企业合并，需要进行反垄断申报和审查，律师的工作就是协助客户向监管机构提交反垄断申报。

2. 反垄断与经济学有怎样的关系？如何界定相关市场？

Gareth：

我理解反垄断这个领域比较特殊，属于法律和经济学联系特别密切的一个领域。据我了解，美国的反垄断主管机关之一是联邦贸易委员会（FTC），他们发起反垄断诉讼，很多时候都是由经济学家来写诉状里面的理由分析部分。我们国家也是这样吗？

David：

美国的模式比较强调对抗性，FTC、司法部是通过对企业提起诉讼的形式来执法的。而我们的反垄断法更多借鉴了欧盟的制度，由反垄断执法机构依法对涉嫌垄断的行为进行调查，然后做出处理决定。在调查执法过程中，很多案件未必有经济学家的参与，不过疑难案件通常就需要经济学家的参与和分析；这一点媒体也有报道。

但我完全同意你说的，反垄断是法学和经济学的交叉领域。因为我们做任何反垄断案子，都会涉及相关市场界定和竞争损害的分析。这虽然不会涉及非常复杂的经济学模型，但按照法律规定，也要从供给替代、需求替代等比较基础的经济学原理去分析。因此，反垄断律师一般要具备基础的经济学分析能力。

如果案件更复杂，可能还要引入更多的经济学指标和模型，如勒纳指数、假定垄断者测试等，可能会有请国内的经济学家去做分析的需要；只是这种疑难案件的比重可能不像国外那么高。

3. 反垄断案件的程序和管辖

Gareth：

相关市场界定似乎很难有一个绝对的标准，划定正确与错误，或者界定论证的合理性边界是怎样的？比如之前争议很大的网约车市场范围问题。另外，美国的反垄断会把很多问题放在法庭上的抗辩过程中；双方各自以什么样的素材去支持自己的观点、法庭出于何种原则采信了谁，都是可以看到的。但我们的执法调查是不是主要以非公开的方式进行？

David：

这个问题确实存在争议。即使在欧盟和美国有相关市场界定的指南，还是要落实到由执法机关裁量。美国通过法庭对抗过程来明确法律问题的模式，是存在争议和不确定性的。

实际上，我们国家也不是由执法机关直接“一棒槌”把处罚决定发出来。根据行政处罚法，处罚也会有一个流程，需要征求意见、与被处罚的人沟通，这是一个非常漫长的过程，最后达成大致可接受的结论才会公布。

此外，我国行政法有公开听证的明文规定，但大部分企业都会以保密为由申请不公开听证，所以执法机关也就不公开了。即使如此，我们执法的公开度、透明度确实是在不断地进步。就拿处罚决定文书来说，一般会有一定的篇幅介绍执法过程，比如被调查的企业给出了什么样的观点，采取了什么样的抗辩，文书都会提一提。

我刚才提到的投资并购交易中的反垄断申报，都是有一个公示期的，这个在反垄断局官方网站上就可以看到，公示做得还是比较充分的。

Gareth：

我留意到不同的关于反垄断处罚的新闻，做出处罚决定的有时是国家市场监督管理总局，比如对之前阿里巴巴的处罚；有时是各地的市场监督管理部门，如上海市市场监督管理局对某餐饮外送平台的处罚。我们国家反垄断执法的层级管辖和属地管辖是怎样规定的？

David：

我们国家是市场监督管理总局负责反垄断统一执法，可以直接管辖或者授权有关省级市场监督管理部门管辖。反垄断法里有一个原则性的规定，市场监督管理总局可以根据工作需要授权省一级的地方反垄断执法机构执法。

实践中，对于不太重大的案件，地方上是有一定的执法权限的。像阿里巴巴的案子，浙江省的执法机构肯定有深度参与，但由于案子比较重大，就需要移交市场监督管理总局。另外，总局层面觉得案子比较重要的，也可以直接管辖。像上海那种地方管辖的案件，也可能经过报请总局才做决定，决定发布之前，也可能跟其他案子有一个通盘的考量。总之，这里有一定裁量的空间。

4. 反垄断话题急剧升温的背后有哪些因素？

Gareth：

我的印象里，过去在国内互联网行业，很少从反垄断角度理解互联网企业的合并，但这两年反垄断突然就变得很重要，这在执法中也体现出来。这里有哪些因素或者转折点？

David：

早年的合并，在反垄断法圈内其实也引起过很大的讨论。这两年反垄断变得更为主流，是因为相关的讨论已经很多，执法信息也已经公开了。还是拿阿里巴巴的这个例子来说，关于它

“二选一”的举报和立案其实从 2015 年就已经开始了，但执法的“棒槌”直到 2021 年才落下来。

放眼世界各地，其实无论是中国、欧盟还是美国，反垄断执法都跟时政风向非常紧密地结合在一起。特别是欧盟对于反垄断的强执法，就是欧盟委员会的新上任官员掀起的一轮对科技企业的执法浪潮。美国也是如此，还存在“游说”这种明面化的“潜规则”。

我国发出的信号则是在 2020 年年底、2021 年年初，当时中央经济工作会议明确以“强化反垄断和防止资本无序扩张”作为经济工作中的重点任务。有这个信号之后，各地的反垄断执法就非常密集地涌现了出来。

5. 滥用市场支配地位的认定思路

Gareth：

这是一个可能有点偏经济学的问题——垄断和非垄断其实很难严格界定。比如刚才提到的“二选一”，在经济学界也有很多人讨论是否没有理由要求企业必须为它的竞争对手考虑，因为有悖市场原则；如果严禁企业与客户之间形成任何稳定关系，可能反而不利于激励企业做大做强。如果这个激励不够强，平台做起来也不允许平台发挥自己的作用、由它自己行使定价的权力，那就没有人愿意去做平台企业了。从法律的角度，会考虑这些经济问题吗？

David：

法律肯定会考虑这些问题，法条中的相关规定也是比较完备的。经济合理性是一个非常重要的考量。根据反垄断法规定和实践操作，判断一家企业是否滥用市场支配地位，通常包括以下四个步骤：

一是界定相关市场。界定相关市场是办理绝大多数反垄断案件的首要步骤；只有划定了市场范围，才可以继续讨论企业是不是涉垄断。这里需要用到的最基础的知识是经济学领域的需求替代和供给替代的分析方法，更复杂的案件会用 SSNIP（假定垄断者测试）等经济学模型去界定。

前段时间讨论比较多的中国境内网络零售服务市场，就在界定过程中重点讨论了是否需要境内境外划分、是否需要线上线下划分、是否需要细分为 B2C 和 C2C 市场等问题。当然，也不乏一些长年一直存在争论的市场界定，比如网约车市场和巡游出租车的市场界定问题。

二是判断是否具有市场支配地位。界定完相关市场后，就需要判断企业在相关市场中的力量是否强到足够支配市场。这里通常的考虑因素包括以下三点：

1. 市场份额，如超过 50% 可以被推定为具有支配地位；

2. 市场壁垒，如能否轻易阻碍新的竞争者进入；

3. 价格控制，如能否轻易操控价格等。

在平台经济领域，监管机构还会重点考虑技术壁垒、算法控制价格等比较具有互联网特色的因素。

三是判断是否具有滥用行为。企业做大做强，具有市场支配地位并不意味着就违法了，还需要看企业是否利用自己的市场支配地位采取了违反法律规定的滥用行为。比如，企业在具有市场支配地位的情况下采用掠夺性定价去驱逐其他竞争者，或是用不公平高价去扩大自己的利润，都是可能涉嫌违反《反垄断法》的行为。在平台经济领域，是否运用算法对平台内消费者实施差别待遇，就是当下讨论得比较多的大数据“杀熟”问题。

四是判断是否具有正当理由。具有市场支配地位的企业采取了滥用行为，光凭这一点其实还不足以让执法机关去实施处罚。企业还可以就自己的行为进行抗辩，在反垄断领域叫作正当理由，就是说明企业实施这样的滥用行为是有正当性和合理性的。比如，采取掠夺性的超低价是为了处理即将过期的生鲜食品，特定的商业安排是为了促进技术进步或保护消费者利益，这些都可以作为企业解释的正当理由；但其是否足以让企业“脱罪”，还需执法机关认定。

Gareth：

是不是可能还有些维度的账算起来不那么直接？我们在一

些平台企业调研的时候,有企业提出,自己在研发、创新、促进就业等方面,发挥了超出一般企业的作用,考虑到这种贡献,应该有所豁免。你说的四个步骤包含这些因素吗?

David:

处罚决定文书中通常会有一段话,提到企业对消费者福利或者对社会创新等的影响。但想要单纯靠论证自己对就业、对社会创新的贡献来避免处罚或者反垄断措施,还是比较困难的。

其实反垄断执法不是把企业"一棒子打死"。处罚之后,执法机关还是会通过一些行政性的指导意见去对这个企业未来的行为进行持续约束。如阿里巴巴这个案子,企业就要连续三年向市场监督管理总局提交自查合规报告。

6. 如果存在竞争问题,合并的企业会被拆分剥离吗?

Gareth:

我想请教一下关于反垄断执法滞后性的问题。这里的滞后性有两个方面:

第一,如果企业合并既成事实,执法部门会要求把当年合并的程序全部"回滚",恢复为两个企业的状态吗?

第二,法律还是要基于实践,我们国家的互联网行业实践发展得特别快。有种提法是互联网公司在搞一种新的垄断,就是通过高薪把市场上所有优秀的程序员都招走，对人才进行垄断；这在目前反垄断框架里很难直接规范。你们对此是怎么看的呢？

David：

滞后性不仅存在于反垄断法领域。法律作为一个事后救济的途径，天生就具备一定的滞后性。

关于你说的“既成事实”的情况，企业在合并前如果达到了法定的申报标准，是需要在实施交易前向监管机构进行经营者集中反垄断申报的，没有获得批准的不得实施集中。但对于是否达到法定标准，比如企业间的“控制”是否包括通过协议控制，平台经济中的营业额如何计算，判定中可能存在一定争议，导致一些案例最初没有申报。因此，这两年我国的市场监督管理总局处罚了大量的未依法申报案件，特别是互联网领域的投融资交易。

此外，即使企业已经完成了合并，在有比较严重的竞争问题时，反垄断法依然赋予执法机关调查后拆分或剥离的权力。比如，2014 年 Facebook 收购 Whatsapp 的交易获得了各反垄断机构的批准。但这几年随着平台经济和数据领域的发展，监管机构意识到当年开了“绿灯”的交易现在看来可能存在一些问题，欧盟、美国的执法机构考虑重启对当年这个交易的调查，这个交易恢复了“黄灯”状态。

至于“人才垄断”这个提法，我觉得确实是执法机关接下来应该考虑的一个点。其实不只是能招揽高精尖技术人员，互联网公司的法律团队实力也非常雄厚,因为对于他们来说,组建内部法律团队相较于支付大案子的律师费,是非常划算的。

7. 监管执法与互联网发展的关系

Gareth:

有一种观点认为,我们国家在数字经济方面,将之前执法的"铡刀"略抬高一点,其实是有助于发展的。打个比方,欧盟在隐私保护、数据要素的执法方面领先很多,但如果这些规制在中国很早就落地,好多产业可能就没了。因为一开始的"野蛮生长"阶段,要利用一些"网络效应"才能让企业成长起来。最近也有观点认为,我们规制的力度波动好像有点大,从中概股的市值来看,引发了市场很大的反应。

David:

世界范围内关于监管执法是否阻碍互联网企业发展的话题一直被广泛讨论,欧盟对于个人数据强有力的保护制度也常常被拿出来作为示例,其背后的因素确实比较复杂。不同阶段和不同规模的企业,其合规义务和合规范围肯定是不尽相同的,特别是当互联网平台具备越来越多的公共属性时,很多平台义务也不能单纯从私法的角度去看,应该更多从公法的角度去衡量。

至于执法强度的"突变",其实从 2015 年开始,在业内大家对于平台都已经开始非常谨慎了。2018 ~ 2020 年，一些立法和执法机构就已经开始行动，只是最后的“棒槌”直到 2021 年才落下。之所以口号一出就能有密集的执法，我觉得很大原因是前几年积累了基础，到真的决定推动时，准备工作都已经做得很足了，可能只差一纸文书。我国执法背后的决策是相当谨慎的，一定会有层层上报和对大局的考量。

8. 顺带聊聊数据合规的现状

Gareth：

数据合规也是近来的热点领域，你们有关注吗？

David：

从律师角度而言，我觉得数据合规领域目前的尴尬之处在于，只能解释法律层面的要求和规定，但要将规定落实到企业的数据管理中，就需要工程师等技术人员的参与了。而且数据合规仍然是一个比较新的领域，它没有非常明确的行业标准。目前我们拿了很多欧盟的制度来用，但欧盟通用数据保护条例（GDPR）似乎又过于严格和笼统。比如平台使用个人数据要符合知情同意原则，但落到实际的执法过程当中，又很难去衡量。这方面我们之后可以请有技术背景的嘉宾来进一步分享。

04

第四讲

听数据合规律师聊聊互联网时代下的个人信息保护

李梦涵（Megan）　姚敏侣（Joe）　徐浩哲（David）

2022 年 4 月 28 日

1. 数据合规律师做些什么？

David：

数据合规律师可以算是自欧盟通用数据保护条例（GDPR）生效以来新兴的行业领域，那么数据合规方向的律师大概处理哪些业务？

Megan：

数据合规在国内也算是新兴的领域。自 2017 年《网络安全法》生效以后，我国一直到 2021 年才出台了《数据安全法》以及《个人信息保护法》。到 2022 年，我们的网络安全和数据保护的法律框架才算比较成形。

我把业务分为最主要的两块：

一块业务是企业自己日常的合规。越来越多的企业会关注他们日常运营中数据合规的要求，特别是一些收集个人信息比较多、用户量比较大的企业，对此非常重视。

另一块业务是跟监管机关打交道。比如企业遇到监管执法的调查，或者企业由于上市计划，面临数据合规的风险筛查和整改。自2021年《网络安全审查办法》出台以后，企业到国外上市需要做网络安全审查，所以这一块需求会越来越多。

Joe：

结合一些项目或是客户的需求，可以从横向和纵向等几个不同角度来看律师业务。

其一，数据和各个部门法之间关系密切：如果是和知识产权法相关，需要关注怎么去主张数据权益；如果是和竞争法相关，就需要去关注数据在平台竞争中扮演的角色。

其二，如何帮助企业制定一套成体系化的数据合规的方案，或是我们从外观来看怎么去做更好的个人信息保护的界面等。现在有大量的跨国企业在全球范围内做个人信息和数据的安全转移，需要去设计方案，而且方案如何落地也是非常值得关注的。

其三，就像刚才提到的我们如何去应对监管的问题——其实“应对”这个词不太好，更好的定义应该是“拥抱”和“配合”监管机构对于数据安全的一些顾虑。企业要进行资本运作，要拓展市场，要使用一些新兴技术，怎么去打消或者更好地说服大众，我们这一套数据方案是没有问题的，怎么去自证合规，是需要从法律和技术相结合的角度给出相对而言比较好的解释，这也是我们能够做的一些事情。

***David*：**

市面上做数据合规的团队，大致会从两种团队演变过来：一种是做知识产权的团队；另一种是做竞争法的团队，也就是反垄断律师。知识产权团队做数据合规可能更偏向于客户导向类型，因为做知识产权业务会接触很多高新技术企业或者互联网企业，由于客户导向，也会比较早地介入数据合规。就竞争法团队而言，由于平台经济下的反垄断和不正当竞争问题也和数据有很多联系，平台公司会通过数据来开展竞争，竞争法团队会一并处理这些法律问题。

2. 用户的个人信息有哪些用途？

***David*：**

结合两位的观察和项目经验，互联网企业拿到我们的数据（匿名化或非匿名化）后，通常会用在哪些地方？他们通过这些数据去达到怎样的商业目的？

Megan：

比较普遍的是互联网的程序化广告。其实企业经常拿我们的个人信息作为他们广告营销的重要来源。比如，电商类平台的 App，会根据用户在平台上面所选择的喜好商品、浏览记录，相对应地给你推荐一些你可能比较感兴趣的广告，也可能在后台对于你的数据做一些融合，去跟第三方分享。

除了这种电商类平台之外，也有很多资讯类 App，可能会给你推送某一领域的信息，根据行为痕迹去做跟踪，整合之后和第三方分享，然后引入广告。这一块现在仍然是不少 App 的重要收入来源。

Joe：

广告确实是现在互联网企业或者一些数据驱动型公司主要的营收点。毕竟现在我国互联网用户的付费习惯还没有完全养成，所以在互联网免费的情况下，这种“羊毛出在猪身上”的做法确实很多见，而且在前期可能会伴随大量的资本投入。

说句实在话，企业收集个人信息，最直接的目的，是给用户提供他们这个 App 的互联网信息服务。比如说用本地生活 App 做一些周边推荐。在数据下一层的逻辑就是“利用数据”，其实算法最根本的来源就是用大量的数据形成一个算法模型，更好地支撑企业的经营和运转。企业如果有一系列非常重要的算法模型，就可以拿来盈利了。

互联网广告最终的目的永远都是进一步了解甚至比品牌方更加了解你——客户是谁、有什么习惯，这就是所谓的个性化。但个性化的过程一定会需要安全方面的方案，比如怎么去标识，怎么去匿名等。各个不同的垂类行业，比如金融、医疗、汽车等，对于个人信息的需求量也不一样，但是他们最根本的目的是相同的，就是在给你提供服务的过程中，去把个人信息的厚度和价值的增量给做出来。各家企业有各自的不同做法，数据的可复制性非常强，流通性非常强，怎么去更好地利用数据的价值和权益方案，各家企业是很不一样的。

***David*：**

所以其实有两个维度的数据使用：一个维度，你的数据本身就是有价值的，比如你在哪个城市，我就给你推一些本地化的服务。另一个维度，需要企业积累一定的数据量来进行算法的迭代或优化，以此来更加高效地让企业运转，或者说更好地去做广告营销。简单来说，一个是信息本身的价值，另一个是信息经过加工处理后带来的价值。

3. 互联网平台会通过哪些途径收集用户个人数据?

***Megan*：**

在《个人信息保护法》明确规定之前，很多企业采用的都是

“一揽子同意”的方法。随着工信部、网信办在 2018 年、2019 年的执法行动，大家都会去关注 App 是否在得到用户同意之后才开始收集和使用个人信息。现在大部分企业也不会很明目张胆地在你不同意的情况下直接获取你的权限，收集你的数据，而会采取比较隐蔽的方式，可能在隐私政策里面写得比较模糊，或是让你一次性同意一系列隐私政策，大部分用户不会细看就点击同意。

但根据《个人信息保护法》的规定，如果需要收集用户比较敏感的个人信息，应该得到单独同意。这一块我近期观察到一些变化，典型例子是每次打开 App，App 希望收集定位信息时都会弹窗征求我同意。如果我不同意，其实也可以用这个 App，只是我不授权精确定位的话，它可能只知道我在北京市，推荐的内容就会在北京市范围内。这已经是一个比较大的改善了。

David：

这里涉及大家经常讨论的问题：很多 App 需要用户点击同意隐私政策才能使用，但其实一些 App 在你未同意隐私政策的情况下也可以使用一部分功能。比如 App 的游客模式，可以使用一些很基础的功能。

Joe：

对，很多 App 往往会在你登录的时候让你选择采用基本模式还是完全模式。基本模式是在尽可能少地收集个人信息的情况下，同意那些最基础的功能的使用。据我观察，很多需要注册或绑定手机号的服务，还是需要你的同意。

Megan：

前几年，很多 App 在用户不知情的情况下，在运行后台抓取用户数据。不仅超范围，而且超频次，又是在用户完全不知情的情况下，这在合规性上会有非常大的问题。如果这一类的 App 在执法行动中被检测出来，工信部和网信办会有一个通报机制，要求限期整改；如果整改后还不通过，就有可能面临下架的风险。

David：

我还有一个观察，从 2021 年开始苹果手机不允许跨 App 去收集个人数据了，需要用户明确点击同意才行。跨 App 收集个人数据的场景，比如说我在聊天软件里面跟人聊一个手机或电脑品牌，另一个电商 App 可能会识别聊天记录来给我推送数码类产品的广告，这就是刚刚提到的非常典型的互联网营销的一个小案例。正是由于苹果公司的政策，我才发现不少 App“跨站”收集信息的套路。

Joe：

这个话题就是能不能在各个 App 之间，基于用户画像来进行广告推荐。这是互联网广告里面比较复杂的一个机制，是多方参与的,App 运营主体仅仅是其中一方。刚才提到苹果手机现在已经要用户主动开放 IDFA(Identifier for Advertisers,苹果设备的广告标识符)授权,在这种情况下才能够允许 App 去收集和使用个人信息;这是一个对消费者个人信息非常重要的保护措施。

4. 聊聊围绕苹果手机 iOS 隐私政策的一些争议

David:

谈到苹果手机,大家前段时间应该有关注苹果公司和谷歌公司之间的"论战",后来 Facebook 也加入其中,围绕苹果手机隐私政策提出一些不同观点。

Joe:

Facebook 最主要的观点就在于,如果基于所有用户都主动授权来开放广告标识符,基于人的天性,任何人都不希望被广告打扰;但是这样操作,基于整体的社会效益,投放广告的效率是很低的。就比如说我给 David 你推送化妆品的广告,经济效益没法最大化,是不合理的。那么,个人信息保护应不应该列在价值保护排名第一位,这是第一个问题。

第二个问题,你用苹果公司的产品需要付费,苹果公司是可以直接变现的;但 Facebook 这样的社交产品大多采用免费模式，切断了 IDFA 授权，产品的经济收益从哪儿来？产品在向苹果手机用户提供免费 App 服务时如何获取经济报酬？这是一个值得行业深思的问题。

这方面讨论在国内其实也正在进行，这就是我们在认真分析互联网广告的时候，个人信息保护总是有各种各样的瑕疵的原因；但是在这种有瑕疵的情况下，我们如何去控制风险，保证经济和个人信息保护两个价值是平衡的，这是一个非常大的命题，是需要经济学家、法学家还有企业家来共同完成的。

5. 如何看待互联网经济发展和隐私保护之间的平衡？

David：

在 GDPR 刚被提出来的时候，大家都有一个疑虑，就是过于严格的隐私政策和法律层面的数据监管是否会阻碍互联网企业的发展。业界也常常拿欧洲和美国的数字经济做对比。

Megan：

之前我们也在一些案子里跟客户聊过，那种比较依赖程序化广告收益的 App，如果不让他们做广告了，可能企业一半以上的收入都没有了。如果监管今天出了这么一个规定，要求全行业都严格遵守，可能对于很多企业而言，关系到它们的生死存亡。所以我觉得确实不仅是用户隐私保护的问题，隐私保护和经济这两方面的确需要平衡。

现在的监管也不是说想把企业“一棒子打死”。就互联网营销而言，大家其实是想要避免程序化广告非常精确地去抓取用户日常喜好的东西，想要避免千人千面这种太过精确的趋势。每个人都担心大数据是不是比我自己还要了解我。那么，是不是可以通过一些比较粗略的标签或用户画像去抓取？

我们对于用户画像其实也是有一些规范的。我们的规范里提到，互联网精准营销这种用户画像，就不应该是非常精确、直接的。所谓直接用户画像，就是说它可能定位到你本人；而间接用户画像可能是描述你所在的群体——我并不知道你本人是谁，但可能会知道一个群体标签，比如你是女性、大概年龄段在25岁到35岁、大概会喜欢什么样子的东西。有了这样的用户画像之后去给你推荐。我觉得相对而言间接用户画像是一种比较平衡的做法。

Joe：

这里涉及很多互联网企业客户热衷探讨的话题：什么限度的标签是不会触碰合规“红线”的？或者说精确化到何种程度的标签才可以确保我们的个人信息权益不受侵犯？现在企业的标签真的非常丰富，丰富到让我们想象不到的程度。当然标签还会涉及很多其他问题，比如大数据“杀熟”。还有一些敏感类的标签，是不是能允许企业放进来？

也有观点认为 GDPR 对于中小企业来说数据合规成本过高。以美国为代表的大型互联网平台对个人数据处理的要求，比如跨境传输，这一部分成本是否需要由企业来承担，可能要根据企业能力的不同进行区分。对于中小企业来说，是否有必要基于一个潜在的个人信息风险去完成那么高要求的合规动作，这是第一个问题。第二个问题是：那么微小的或标准化的合规动作，会不会约束技术的发展？这些确实都是很深刻的命题。

Megan：

中国和欧盟其实都在探索对于超大型或者相对大型的平台施加更高的合规义务。我们的市场监督管理总局就互联网平台分级出台过相应的部门规章，根据用户量和在市场上的能力做一个分级，相对更高级别、更大型的平台，被施加的合规义务就更高。欧盟有关于“守门人”（Gatekeeper）的认定，欧盟《数字服务法》和《数字市场法》里面都对这种 Gatekeeper 有更高的合规要求。

6. 聊聊我国目前监管机构关于个人信息保护的执法

Joe：

我国监管部门经常会给出一些在合规意见层面上的指导。比如，工信部自 2018 年以来就已经进行了 20 多批次的 App 问题监管治理。现在工信部对于 App 的监管强调“生态圈”的理念，不仅涉及监管运营开发者，还可能延伸到上下游。比如，刚才提到的设备生产商也有很多个人信息收集的权限；内嵌的 SDK、API 第三方厂商，往往容易触及无感知收集的问题。

工信部在前段时间设置了一个“双清单”，需要所有大型互联网平台企业将可能涉及的所有个人信息收集、共享的场景，通过清单的方式清晰、明确地告诉消费者。我觉得这落实了个人信息总量爆发背景下，对于个人信息收集或处理的透明化要求。

还有各个垂类行业。比如金融行业，央行等主管部门对于个人金融信息合法合理的使用会进行监管。银保监会之前宣布要在保险行业内实施全面的个人信息保护的合规要求，这就涉及很多头部保险公司、保险行业的服务型企业。还有汽车行业，《汽车数据安全管理规定》于 2021 年 8 月颁布，12 月就需要汽车企业报送个人汽车数据处理的安全报告，并且监管部门已经开展了一系列密集的执法动作。各行各业都有抓手，呈现出我们个人信息保护的非常好的前景。

Megan：

除了行业监管，还有一些其他的专项执法行动。比如涉及算法的“清朗”行动，是 2022 年监管很重要的一块。2022 年 3 月《互联网信息服务算法推荐管理规定》也正式生效了，配套的一系列执法行动是工作重点，企业也得关注每年的专项执法行动。

7. 为什么说 SDK 和 API 是个人信息保护的“重灾区”？

***David*：**

能否给大家介绍一下 SDK 和 API 的基本情况？常常听到这种“接口”会给个人信息保护带来挑战，是个人信息保护的“重灾区”。

***Joe*：**

SDK 和 API 都是技术术语，其实就是某个技术的开发包，可以简单理解为一些现有、成套或比较成熟的代码，是可以用来实现某种特定功能的加载到 App 里面的小程序包。

SDK 有很多种类型。例如，在刚才提到的广告营销场景下，有很多第三方 SDK 是作为广告监测，监测投放广告的转化率、曝光率等数据，用来验证或者结算。再如支付功能，第三方支付机构将已经开发成熟的 SDK 包插入 App，才能完成它的支付操作。当然还有很常见的推送（push）场景，应用就更加广泛了。

API 是一个数据调取的管道，对于各个平台、各个品牌之间的数据互传有非常大的作用。通过开放 API 接口以及权限，可以完成两个企业之间个人信息的交互。正是因为 SDK 和 API 在很多情况下不受控于消费者个人，大部分时候你根本不知道

SDK 或 API 在运行，这导致无感知收集的情形非常普遍。

Megan：

现在对于 SDK 的监管之所以会被大家关注，是一些执法调查反映 App 接入的 SDK 有超范围收集个人信息的情况，但 SDK 超范围收集的责任需要由 App 来承担吗？目前执法机构的处罚，其实是对 App 运营者做出的。

但在《个人信息保护法》中，这种共同处理个人信息的主体称为“共同处理者”，会涉及连带责任。从 App 和 SDK 的互动关系来看，不管是共同处理信息，还是 App 把信息提供或者委托给第三方去处理，这个 App 本身对于你的个人信息保护都是需要承担一定责任的，这也是 SDK 监管的法律基础。

David：

这有点像民事关系中的不真正连带，但其实行政执法思路未必要按照民事思维，行政机关在调查过程当中也许就认为 App 运营方应该承担 SDK 合规的一些必要义务。因为 App 背后的平台企业都是相对比较有规模、有声誉的，正所谓“能力越大，责任越大”。所以从执法便利性角度，可能也会倾向于找到 App 运营商这种具有更多公共属性的角色去承担责任。这里还是有待学理和实务去探讨的。

8. 保护个人信息的窍门

David：

说回到广大用户和消费者，人和人之间的差别还是很大的，不同人对于隐私保护的重视程度肯定有很大不同。如果我想保护个人隐私或个人信息安全，两位有哪些小技巧可以分享？

Megan：

在必要的情况下，我会把个性化推荐按钮关掉。现在一些App的个性化推荐按钮没那么明显，需要从设置里的好几级菜单下去找；结合监管趋势，我觉得个性化推荐按钮会越来越明显和好找。但很多时候关闭个性化推荐后，App仅仅是不给你推送罢了，实际上还是会在背后分析你的用户数据。

关闭个性化推荐有两种情况。一种是全部关闭，基本上只能通过检索功能使用App；另一种是不将你的数据用于大数据分析，但软件还是可以基于你的行为做一些推荐，这其中还是有一些“探讨”的空间。

Joe：

我们从法律的视角看，关闭个性化推荐好像很简单，但是在技术层面还是有挑战的：要识别哪些用户、基于什么场景、用哪些个人信息做推荐,这些都有大量技术上需要去落实的方案。所以,也能理解企业为什么有的时候做得不够好。

对于苹果手机用户而言,iOS 已经完成了 IDFA 主动授权,隐私保护已经到了一个比较高的水平。对于安卓用户而言,可以通过在手机隐私设置中重置你的广告标识符,或者更新 OAID(安卓系统的广告识别符),这样 App 就不能用过去收集的信息跟踪你了,可以处理一下你不太希望看到的广告,你被骚扰的频率也会降低一些。

9. 从 HiQ 诉 LinkedIn 案探讨爬虫技术的正当性

***David*:**

刚刚的讨论让我想起最近美国新发布的一个判决,是 HiQ 诉 LinkedIn 案。根据咱们国内法院判决的主张,大批量爬取企业数据会有被认定为不正当竞争的风险;但美国最新的判决反而更倾向于认为数据本身是公开的,而爬虫是更高效地完成数据收集的技术手段。

***Megan*:**

HiQ 诉 LinkedIn 案中间来来回回,已经打了好几年了。这一次是美国最高法院认定 HiQ 可以去 LinkedIn 的网页上面爬取数据。我觉得这个案子复杂,不仅是数据爬虫的合法合规性的问题,也包括你刚说的不正当竞争的问题;HiQ 在提起诉讼的时候还涉及跟反垄断法相关的问题。

HiQ 认为,LinkedIn 在"职业社交服务"市场上有支配地位,如果不把它在市场上抓取到的数据授权给下游,就有不合理的限制,下游的业务就无法开展。HiQ 还引用了"必需设施"的理念,意思是 LinkedIn 作为一个上游的"必需设施",有向下游业务开放的义务。

但美国的法院没有支持这些维度的观点,认为相关市场的界定一开始就不准确,或者说理由不够充分。法院最终的判决更多还是基于数据爬取这一行为,认为此种行为不违反美国关于计算机欺诈的法律;这和咱们国内通过不正当竞争去裁判的思路还是不一样的。国内法院如果认为数据是企业独有的一种商业资产,那么你去把它爬取下来继续商业运作,或者将它变成商业优势的话,基本上是不被允许的。

Joe:

这个案子反映出美国对于数据监管的态度。美国到现在还没有出台非常成型的数据跨境限制、安全限制的法律,其实就是鼓励数据流通、数据跨境和数据交易,所以这背后是国家对于数据的政策态度。法律可以说是一个平衡的艺术,看平衡的天平倾向哪一边。

10. 中、美、欧个人信息保护有哪些异同？

David：

顺着刚刚提到的往下说，两位觉得我国的个人信息保护体系跟欧盟和美国的相似之处和不同之处还有哪些？有没有一些自己的看法？

Megan：

《个人信息保护法》生效前后那段时间，不同业界、学界的机构都撰写了一些理解和分析，我当时印象非常深的就是有一个国内比较权威的专家写了一篇文章，认为我国的《个人信息保护法》属于“第三条道路”，和美国、欧盟都不同。

所谓“第三条道路”，我自己的理解是，《个人信息保护法》监管的严格程度可能介于欧盟和美国之间。GDPR 下企业数据保护方面的合规成本应该是最高的；而美国，就像我们刚刚讨论的，其实非常鼓励数据自由流通，没有去设太多限制。

我个人觉得，我们国家其实是更希望能够得到一个平衡。过去十多年，特别是自移动互联网兴起以来，行业有野蛮生长的趋势；《个人信息保护法》出台以后，相对以前监管肯定更严，但国家并不希望互联网企业由于个人信息保护的问题而在业务拓展上受到很大的限制。

Joe:

关于这个问题,有一个开玩笑的说法。大家说美国在互联网时代构建了互联网“高速公路”,欧盟通过一部 GDPR 在路上设了非常多的收费站。这调侃的其实是欧盟通过大量的执法和处罚,使美国跨国企业在欧盟保护个人信息和隐私的成本非常高。说来说去还是两个价值之间怎么取舍和平衡的问题。

在立法模式、保护机制上,我们走自己的个人信息保护道路,有自己的特色。在立法体例上,我们还是参考了 GDPR 这种统一立法模式。一方面,强调统一的执法和强有力的个人信息保护;另一方面,又强调个人数据、非个人数据以及其他各种衍生数据,能作为一种价值或者一种有经济价值的利益。这也是我们之后会去多探讨的问题。

我个人觉得,我们的做法应当是保护个人数据的人格尊严价值,这是毫无疑问的;但在人格尊严价值之外,如何更好地调动数据作为一种市场分配的要素,如何去调用它的经济价值,也很重要。

11. 数据合规会有怎样的趋势与未来?

Megan:

企业和监管机构双方如今都对隐私保护越来越重视。执法确实越来越常态化和深入。现在不仅监管 App 本身,对上下游都在进行很深入的监管。此外,监管机构可能会在某一个时段特别关注某一块的合规,进而会有一些专项行动。

从企业的角度,我自己的观察也是企业关于个人信息保护的意识在不断提高,也在进一步配合监管。这不仅仅是从日常运营考虑,也是为了企业长远的发展。一些企业为了上市,特别重视这一块。我在跟客户打交道的过程中,发现客户其实对此也是很了解的,并不完全依赖外部律师来给他们意见,客户其实经常和监管部门打交道,在此过程中主动去了解、去学习。

Joe:

在数据合规领域,法律和科技的融合程度越来越高。监管不一定是坏事,不要把应对监管当作一件很可怕的事情,应该迎接监管或拥抱监管。像某一个部委的行政指导,这种"软执法"往往能够带动一个行业更正确、更精确地保护个人信息。如果能在接受指导的前提之下,实现自律和他律两者的融合,会是一个比较好的面对执法的态度。

当然,对于那种非常明显的收集、毫无感知收集、超范围收集乃至欺骗、隐瞒、胁迫收集个人信息的行为,是必须严厉打击的,严重的时候可以直接下架 App。但是对于一些细节,我们需要去探讨:比如怎么提高对个人主体的透明度、告知程度,如何实现单独同意,以及如何保障企业在个人信息处理过程中的安全操作，这些也需要监管部门更进一步的考虑。监管部门也需要看看行业到底能做到哪一步，所以这是一个良性的互动过程。

从企业的角度来看，我们会建议客户在产品开发的过程中融入隐私设计的理念，在每一个环节都考虑怎么去融合，怎么去实现《个人信息保护法》《数据安全法》等一系列法律的要求。如果到后期再去整改，成本就太高了，不如一开始就去实现。在产品开发过程中，除了技术方案、商业方案，还应该有合规方案。

近年来，个人信息主体主动提起诉讼的频率越来越高，他们提出的一些权利和行使要求还真的挺有意思的，反而能够去倒逼这些大平台、大企业，在一些过去不太注重的环节更加全面地落实个人信息保护的要求。

总之，在个人信息保护这个话题下，企业和企业、企业和个人乃至企业和国家之间并不是非常激烈的对抗关系。很多时候，需要去沟通，需要行政指导，需要我们尝试行使个人信息方面的权利去促进行业发展。

05

第五讲

与投行伙伴聊聊并购项目全流程

张子晖（Michael） 徐浩哲（David）

2022 年 10 月 7 日

1. 万里长征第一步：靠谱买家哪里找？

David：

很多律师在加入并购交易的时候，买卖双方已经大致有一个明确方向了。往前推一推，在之前的交易撮合过程中，靠谱的买家都是去哪里找的呢？

Michael：

卖方有出售意向的时候，就会组织中介机构进场。各个中介机构之中，一般来讲投行都是第一个入场的。我们最重要的是明确交易的意向，卖方究竟想卖什么东西，出售的目的是什么？比方说想出售全部股权、部分股权，或者是一些参股权，对于后续交易的影响都是不一样的。

在确定动机以后，就可以去寻找买家了。一般来讲，最了解公司的肯定是公司自己，公司在做出售的时候，根据动机不同，有一些不同的潜在投资人。比方说想出售全部的股权，公司可能对于投资人的身份就不会特别在意，而对价格更敏感。但如果是部分股权的出售，那么出售以后双方如何合作去进行公司治理，这方面的考量就会占据比较重要的位置。

David：

投资人大致可以分为哪些类型？

Michael：

简单分的话可以分成产业投资人和财务投资人两种。

产业投资人一般有相同或相似的业务，可以说是一个产业上下游的公司或者投资平台。这类投资人参与并购交易主要还是寻求一些产业方面的合作，他们更希望通过并购交易，拓宽自己的业务范围和业务地域，甚至寻求和卖家之间一些未来的合作，产业投资人在这方面的诉求会比较多。相对而言，他们对于财务回报可能没有那么敏感，也就是说他们对于价格的要求可能并不那么高。

在同样的条件下，产业投资人往往因为有自己的产业公司，或者有一些未来协同效应的考量，能出一个更高的价格。但是这类投资人也会有一些弊端，比如对于卖方来讲，产业投资人跟卖方自己的业务可能会有竞争关系。在这种情况下，后续不论是通过尽调还是通过双方沟通，都会不可避免地泄露一些商业秘密，究竟是否会对未来卖方自身的业务开展造成影响，需要去权衡。

David：

针对这些敏感事项，特别是在双方业务有重叠时，通常也会设一个 clean team，就是清洁团队，作为信息的枢纽和传递者，由他们来选择哪些信息在交易完成前能提供给对方或者不能提供给对方。

Michael：

财务投资人更多的是一些基金或者投资平台，他们去参与投资更多的就是为了财务回报，大部分的财务投资人希望以参股权去投资，因为他们自身通常没有产业公司和经验，他们相较于产业投资人，对于价格会更敏感。财务投资人相较产业投资人的资金成本更高，所以财务投资人能够出的价格相应更低，而且这个价格后续的谈判空间也会比较小。相较于价格，在公司治理方面他们可能就没有那么多的要求，更多的是希望在关键岗位有一定的监督和管理权限，在确保合规运营的情况下，他们较少参与公司的日常管理。

当他们明确提出希望作为哪种类型的投资人来参与交易以后，投行一般就会根据自己覆盖或者过往留存的关系，去和这些不同的投资人进行初步沟通，看看是否有参与投资的意向。在交易开场阶段，我们会形成一个清单，可能会包含数量比较多的投资人。第一步工作是摸清交易意向，或者提供一些比较初期的材料，作为后续是否让他们进入流程的考量，以此作为公司决策的基础。

David：

这两年大家也在广泛探讨，具有互联网背景的投资人究竟是产业投资人还是财务投资人。这类投资人形式上更像财务投资人，但一旦投了，特别是一些平台企业，它可以在流量或者互联网的渠道方面给予这些业务非常可观的加持和协同，所以有时候产业投资人和财务投资人的界限还是挺模糊的。

Michael：

是的，不光是互联网行业，各个行业都有这样的情况。比如一些全球知名的基金公司更多地以财务回报为最主要的角色，但是他们只要作为股东进入一家公司，对于这家公司未来的融资、业务的开展，乃至一些当地审批的沟通，都会有一些助力。所以，产业投资和财务投资不一定能做绝对的区分，只是为了方便沟通而做的比较简单的分类，实际情况肯定会比这复杂很多。

现在比较流行的跨境并购，境外的投资人会担心，中资企业的公司治理、决策程序和全球惯例有一些区别，这时如果你的股东成员里边有比较知名的国际机构，大家的担忧就会少很多，对企业后续上市也会有帮助。

2.统筹规划大局观:交易时间表与节奏规划

David:

做任何项目都需要考虑如何规划项目的时间表和节奏。从律师角度而言,最关注的是监管审批对时间表和节奏的影响。说实话,交易文件的准备和谈判所花的时间都是可长可短的。但是监管机构的审批,比如中国企业"走出去"所需要的发改委、商务部的备案、审批,全球跨境并购过程中涉及的各法域的反垄断申报,是律师要考虑,进而反馈给公司或投行团队,供他们去参考和整体规划的。那么从投行的角度而言,对于这种并购交易,项目的时间表和节奏规划通常会考虑哪些因素?

Michael:

从客户的角度来讲,一般情况下肯定是希望并购越快越好,所以他们在提供交易需求的时候可能会忽略很多时间节点,如果卖方客户对于这类交易没有什么经验的话,他们对一些重要的时间节点也没有概念。所以,投行在这个环节很多时候扮演的是"黑脸"的角色。尽管投行在交易中是卖方聘用的,肯定会在后续的谈判,包括尽调过程中充分维护卖方的利益,但是在交易正式启动流程之前的准备阶段,投行更多的是要和客户交锋,去管理客户的预期,然后和各中介机构一起形成比较具有实操性的方案，再去和卖方沟通。你刚才提到的审批，投行会更多地基于律师的观点来设计时间表和节奏。

David：

律师很多时候还是偏保守的，因为他无法确定具体需要多少时间，只能基于他的经验估算审批大概需要多久，他往往会给一个比较长的时间段来保底。

Michael：

对于审批这个点，在境内和境外的关注度其实有很大区别。对于境内投行来讲，我个人认为他们会把审批放在一个非常高的优先级，因为境内投行对于境内的监管审批往往是非常了解的，也理解在强监管的环境下，审批因素很多时候是决定交易成败的一个关键因素。以国有企业为例，国资部门是否同意交易，对于交易是否值得往下推进是非常重要的考虑因素。如果卖方是上市公司，我们常说的交易所、证监会之类的机构会参与审批，是否会对时间表产生影响，也是一个关键因素。

在进场前我们就会对这些审批的可行性进行分析，在设计时间表的时候，一般来讲都会设计一个前期的预沟通时间，请公司先去和这些部门以一个非正式的方式沟通，了解一下他们的态度。

David：

有意思的一点是，接触投行的朋友之后，会发现对于境内并购领域或上市领域的监管审批，投行了解的一点都不比律师少，因为监管审批关系交易能否继续以及交易时间表的规划。

Michael：

交易时间表的规划也取决于你希望整个交易流程以什么形式去推进。一般来说，跨境并购主要有两种流程，一种是竞标流程，另一种是一对一谈判。

竞标流程可以理解成拍卖，大家在不同的阶段分批提交信息。同时，在每一个阶段，各位投资人根据自己所掌握的信息提出自己的报价，提出自己的条件，然后一轮一轮地筛选，最终确定我们究竟和哪一方进行沟通。

竞标流程一般分几个阶段：第一阶段是路演阶段，第二阶段是非约束性报价阶段，第三阶段是约束性报价阶段，第四阶段是后续的交易协议谈判阶段，每一个阶段会分配不同的时间。这会有些“艺术性”的成分在，也就是你需要判断卖方在交易中究竟处于什么样的地位。比方说我是卖方，我的资产非常抢手，交易是卖方主导，那我可以对时间表进行适当的压缩，就是我可以把交易时间表做得更激进一些，这样给买方的反应时间会比较短，买方会忽略一些内容。如果卖方的地位弱势一些，时间表的设计可能就得更多地根据买方的诉求来确定。

在双方的意向比较明确的情况下，可能会启动一对一谈判的流程，基于每个交易，这种流程更灵活一些，一对一谈判的流程中买卖双方的沟通情况要看个案。

***David*：**

启动一对一谈判流程的原因千奇百怪，可能是领导层、管理层关系比较好，或是企业有其他明确的发展方向和产业规划。

3. 态度端正很重要：各方如何明确合作意向？

***David*：**

交易时间表确定后，总要有一个明确的合作意向。我遇到过的合作意向有一些不同的形式，比如约束性报价（Binding Offer）和非约束性报价（Non-binding Offer），是比较常见的确定合作意向的方式。如果交易进展较快的话，尤其是合作方是一些“短平快”项目的财务投资人，也可能直接在项目初期就非常早地去签 MOU（合作备忘录）或者 TS（条款清单），这种情况在财务投资中会更加常见。

***Michael*：**

签署 MOU、TS 对于交易来讲已经是中期的进展了，在前期，更多就是在路演和报价之中确定有没有初步的交易意向。

如果有初步意向的话就进入交易流程。以竞标流程为例，卖方通常会发送一份流程函（Process Letter），对整体的竞标流程进行说明，包括整个流程会分成几个阶段，在每个时间点需要提交什么样的报价，在每个阶段会去获取什么资料等。如果买方对于文件进行明确回复，就表示同意这样的流程，对于未来合作有主动意向。当然这是从形式角度说，从实质角度就是如何判断究竟有没有真正的合作意向，这是交易过程中大家都非常关注的。

David：

交易中签署非约束性报价后交易没有继续下去的情况还挺常见的。

Michael：

对，从实质角度更多的是主观判断，所以路演阶段其实就是大家第一次交锋，也是双方对于未来合作意向的打探。对于卖方来讲，它会提供很多涉及公司商业机密的资料，一方面希望有更多的买方参与进来，去推高报价；但另一方面也不希望有太多没有意义的人进来，导致泄露商业秘密。

而对于买方来讲，大型交易的成本是很高的，包括中介机构的聘用费、后续的费用，可能都达到千万美元的级别。所以买方需要判断卖方究竟是不是真的想出售，或者买方已经确认出售给其他人，只是拉一些人进来好推高报价。这种实质判断对于双方来讲都很重要。

在判断的时候,可能更多的是主观方面的考虑,可以通过买卖双方一些过往的合作案例来判断,如果买方过往有非常多同行业领域合作的案例,同时整体的口碑较高,那么通常会是一个比较靠谱的买方。

David:

这里我很有收获。在律师层面对合作意向的判断往往更多的是一个形式上的,投行或公司在商业上真正的交锋和决策当中,更多需要判断实质上的合作意向。如果实质上有合作意向,不管签署了什么形式的文件,都是往促成交易的方向在走。但如果合作意向不明确的话,即便签了一些形式上的文件,到最后交易也可能会寸步难行。

4. 不断潜入"深水区":尽职调查的深度与广度

David:

尽职调查(简称尽调)是任何交易都绕不开的,不同交易尽调的深度、广度、时间都不尽相同,有些尽调可能由于时间表安排特别着急而无法做到事无巨细。很多律师往往只关注法律尽调,但其实法律尽调只是尽调的一小部分,下面请 Michael 结合项目经验聊聊尽调的各个方面。

Michael：

法律尽调是尽调里边很重要的部分，对于一个交易来讲，法律风险是规避不了的风险，交易未来的风险暴露是比较大的问题。

除了法律尽调，可能还会涉及财务尽调，也就是对过往的财务数据的呈现，如财务数据的真实性、准确性，各个财务数据之间的关系，通过这些来协助买方了解标的公司的财务情况。这类尽调更多由会计师事务所团队介入，也是尽调中必不可缺的一部分。

除了财务尽调之外，可能还包括税务尽调，尤其是在跨境交易中，在不同法域下大家针对税务政策、潜在税务风险的暴露、税种、税率以及未来的税务筹划，都会聘请税务尽调的团队参与。税务这件事情可大可小，从大的角度来讲，税率、税务结构的设计，对于未来的投资收益哪怕只有1%或2%的影响，结果也会呈现非常显著的区别。假如标的公司过往有一些税务风险的暴露，赔偿金额会非常大，因此税务尽调在大型交易里面是比较必要的。在不同的法域下，税务政策千差万别，所以常规来说税务尽调是由“四大”[①]来做，不论是其团队的地域分布，还是各地域团队的专业性，一般来讲都是比较受认可的。

① 指德勤、普华永道、安永、毕马威四家会计师事务所。

David：

投行是否会在尽调过程中对公司的商业模式进行研究？

Michael：

商业尽调更多用于佐证。一些财务投资人对于并购项目的领域并不是非常了解，没有非常明确的认识。所以商业尽调可以帮助他们对标的公司的运营结构、商业模式有没有竞争力形成一个判断。

同时，商务尽调也有一个比较核心的因素，就是对于未来的判断。因为不论是财务尽调还是税务尽调，从尽调的范围来看更多的是对标的公司历史情况进行摸底，而商务尽调会加入更多的对于未来的判断。就是在这样的商业模式和经营领域，未来的业务能否持续，或者说未来的销售、成本是什么情况，需要倚仗商务尽调去做预期。同时，商务尽调本身对于买方聘请的中介机构，乃至买方的投行去搭建、验证卖方估值模型也有非常重要的作用。一般来讲，常见的情况就是买方聘请咨询公司，咨询公司会有一些专业的商务尽调团队来介入。同时，“四大”里边也会有一些外资团队和专业团队，我们在交易中的商务尽调过程中也和他们打过交道。

David：

尽调一方面是替买方更好地了解卖方公司的底细，来确保买方买他的资产不会被坑，这个是最核心的初衷。另一方面也会关注卖方的主体情况，包括业务借贷、重大合同、对外担保、关联交易、劳动人事，还有重大诉讼和行政处罚，尽调对此都需要做一个全局的介绍。

但说句实话，尽调工作量的大小，真的是非常有弹性的，这也跟买卖双方的态度有关。卖方通常都是不太愿意把自己的资料提供给买方的；对买方而言，不管是什么交易，他总想资料越多越好，所以这里面的拉扯有时候挺磨人，也是挺难协调的。

Michael：

尽调和协议谈判就是后交易环节中交锋最为激烈的部分。卖方当然希望买方发现的底细越少越好，但是买方自然希望自己看到的越多越好，所以如何去确定尽调的深度和广度，其实是一个非常有技巧的环节。

卖方可能会给尽调设定一个非常紧的时间表。比如只给两到三周的时间审阅，之后卖方立马关闭数据库，但是这两到三周之内卖方会提供大量的资料，也就是说会有非常大量的资料披露。在这种交易情况下，从合规的角度来讲，卖方的资料都提交给你了，但是你可能并没有足够的时间去分析和审阅，这是一种情况。另外一种情况，卖方会给相对充裕的时间，但是在资料方面会提供得更有选择性一些，这样也可以达到卖方的目的。

现在有经验的买方更多了,无论是尽调范围的资料提供尺度,还是尽调的时间,都是需要双方通过不断交锋来确认的。

David:

联动起来看,尽调的情况会直接反映到后续的交易文件中,特别是反映在陈述保证中。常见的情况是,买方问卖方要很多资料,卖方不给,然后买方说既然不给,就通过比较强硬的条款写在陈述保证当中,针对风险在协议中做出相应的陈述和保证,有时候卖方一看陈述保证这个条款写得这么强势,一点余地都没有,又不乐意了。很多时候并不是说卖方什么资料都不给就一定是好的,适当给一些资料多少可以把风险明确化,可以避免之后在陈述保证中做出那种非常宽泛的、对卖方不利的保证。

Michael:

是的,这就是一个天平的两端,你尽调资料给得少的话,协议方面陈述的就会更多一些;你尽调资料给得多的话,对应的陈述就会少一些。

咱俩刚才说的其实只是在买方尽调的层面,在一些交易中,我们会在交易开始的时候设置卖方尽调环节,来规避我们刚才所说的买卖双方就提供资料进行的拉扯。在交易开展之初,卖方会聘请一些中介机构对于自身的情况进行尽调,出具卖方尽调报告,包括法律、财务、税务等方面。通过卖方尽调,卖方可以借助中介机构的力量把资料进行规整，避免在资料准备过程中工作量过大。同时，相较公司自身，中介机构被信任的程度肯定更高一些。所以如果有一些知名的中介机构给卖方背书去出具尽调报告，在后续尽调过程中也会有相应的好处。

通过卖方尽调，一方面完成了资料的梳理，另一方面可以借助卖方尽调报告去规避提供一些过于细节的资料。

***David*:**

再举一个例子，卖方尽调中最常见的审查包括一个叫 Change of Control 的条款，也就是控制权变更条款。在买卖股权的过程中，很有可能触发其他合同中的一些承诺和义务。比如公司向银行贷了很多款，但是需要向银行承诺和保证，一旦要将资产变卖或者出售，需要得到银行的审批才能进行，因为银行会结合公司出卖的股权来分析这笔贷款是不是会受影响。在小股权投资中，这种审查的义务主要还是在卖方手里，因为这关系到卖方自身是否会违约。对大型的全球交易而言，梳理出来后第一步就是马上启动跟相关方的沟通，来获取他们对于这次交易的豁免。

5. 锱铢必较来吵架：交易文件的起草与谈判

***David*:**

就并购交易而言，我感觉投行的作用一开始是最为突出的，然后伴随着交易意向达成，尽调，再到后面起草交易文件，随着项目的深入，律师团队的作用比重会越来越大。在我接触的项目中，交易文件的起草和谈判主要还是各方律师去交锋的。

Michael：

是的。交易文件的起草，特别是一些法律条款的起草，所有落到纸面上的工作，无论是从专业性还是从谨慎度来讲，律师肯定是各个中介里边唯一能够胜任这项工作的。除了文件起草，还会涉及一些商业条款的谈判，这方面更多是由公司这边去交换意见，再由律师反映到文件上。涉及价格和分红的时候，律师会多问问投行的意见。

David：

交易文件中最核心的有两份：一份是股权认购协议（SPA 或 SSA），另一份就是股东协议（SHA）。股权认购协议主要约定买卖双方达成这项交易所要支付的价格和各种条件，其中最为核心的就是价格。接下来是先决条件，完成交易之前所要履行的条件都具备后，交易才能顺利地推进和交割。刚刚提到的结合尽调的陈述与保证，也是股权认购协议中非常重要的条款。

股东协议中最为核心的就是股东之间的意思自治，涉及公司治理的架构和决议事项、董事会的决策机制，以及股东的一些特殊权利，比如是否有优先认购权、退出权等。今天我们不会围绕这两块儿有非常多的展开，之后有机会再跟大家详细介绍。

不管是SPA、SSA还是SHA，交锋最激烈的肯定包括违约条款，即在违反承诺、陈述保证等条款拟定时，什么具体情况算作违约？这些往往都是起草交易文件所要考虑的重点。

这里渐渐会变成律师主导的过程，但涉及财务或者税务尽调就需要由律师协调其他中介团队来提供专业支持了。很多东西并非一个“Yes or No”的状态，很多时候都是在找一个折中点，很难说在交易文件当中你这么写是对的，那么写就是错的，总体还是各方诉求和谈判力量强弱的体现。用一句俗话讲，并购交易谈判吵来吵去，可能最后都是可以用价格来搞定的。

Michael：

这一点我特别同意，一家公司总是有价值的，只要价格足够便宜，其他的一些风险其实在很多情况下都无所谓了。

6. 吵来吵去看价格：最核心的价格如何确定？

David：

在律师参与交易的过程当中，往往都是投行或者公司确定价格具体数额，我们填到相应的协议当中。能否请Michael多展开说说这种并购交易中价格是如何确定的？

Michael：

首先我想跟各位明确两个概念，一个是标的公司的估值，另一个是最终的交易对价，这两个概念看起来相似，但实际上是有所区分的。从投行的角度，我们更多是先确认公司的估值，这是投行的本职工作，也需要通过技术手段来确定公司所谓的公允价值，以供各方在谈判过程中进行参考。一旦有了这样的一个估值，后续究竟掏多少钱，就是交易对价了。交易对价有可能是以估值为基础来确认的，也就是说最终的交易对价可能和估值非常接近，但也有可能和估值有所偏离。比如常见的涉及上市公司的一些交易，估值和最终的交易对价，最多的可能会有50% ~60%的浮动差额。所以一定要先明确这两个概念，估值是技术方面的问题，而对价是交易双方谈判的问题。

估值是怎么确认的？常见的估值手法可以分为三类，其中一类就是“现金流折现”，从理论上来讲是最为完美的模型，也就是考虑标的公司在未来一定期限内（可能5年、10年，对于矿业等行业可能会做到30年）究竟能够产生多少归属于股东的现金流。通过现金流，按照资金的成本进行折现，确定在这个时间点上这个公司究竟值多少钱。这种模型的搭建过程是非常复杂的，也是投行核心的竞争力。

在实操中情况可能会更加复杂。我刚才说的更多是基于对于标的公司真实情况的计算，但是在实际的交易过程之中，从卖方的角度来讲,我们需要考虑的是如何最大化卖方所出售资产的价值。为了最大化卖方的价格,在估值的过程之中除了真实情况以外我会有一些理想化的假设,比如一个公司它究竟值多少钱,资本结构是确定公司价值的非常重要的参数。

理论上讲,在能还得起债的情况下,债务的比例越高,公司的整体杠杆规模就越大,对应的最终的价值越高。如果标的公司的整体的杠杆率比较低,我作为卖方顾问有可能会在我的模型之中做一个假设,假设在理想情况下,进一步扩展公司的杠杆规模,可能会对于标的公司的估值有所提升,也就是我的价格变高了。当然从买方的中介机构的角度来讲,他们需要进一步判断这些假设的可行性,以及我们是不是在里边进行了比较严重的"注水",这也是买卖双方的投行会进行交锋的一个点。

David:

听下来估值还是有很多主观的因素在里面的,比如杠杆率,比如一些对市场未来的预期,还是挺主观的。这种估值的流程是怎样的?是卖方投行和买方投行各报一个数字,交给各自的客户和公司自己去判断?

Michael:

一般来讲,都是卖方先给出一个模型,模型里面会有一个非常详细的测算。因为买方通过尽调获取资料的程度,大概率是支持不了他们去完成这样一个完整口径的模型搭建的。买方会在收到卖方模型的基础上，对于卖方模型中的一些假设进行确认和夯实，双方投行的交锋会非常激烈。就整体的计算逻辑而言，我们在这种交易里面都会默认双方整体的计算过程，不会出现实质的问题。

这是非常复杂的过程，而且我刚才跟你讲的其实只是估值过程中采用的一种方式，还会有包括市场法、资产基础法等方式适用在不同的情形中。当估值确定下来，后续就是确定对价，理论上来讲对价就是一个估值，减去估值的调整项，最终形成一个交易对价。估值调整项更多的就是尽调过程之中发现的风险和问题。

虽然复杂，但很可能双方喝一顿酒，这个价格就减了一些，不好说……

David：

现在由于会计师事务所的介入，大家的财务报表总体而言都比较规范，该计提的也都会计提，所以可能最后对于一些估值的调整项，双方谈判也要结合项目情况，工程量挺大的，因为有很多买方觉得要扣减的估值的调整项，其实卖方很多时候也会不认，这也是双方在协议谈判过程中交锋的因素。

7.“最后一公里”不轻松：交割过渡期的琐碎杂事

David：

很多交易看似签完协议后不会有太大问题，但说实话我们最近也遇到一些交易，由于监管审批环节没有获批，或是过渡期中的先决条件没有完成，多少会对签完协议后的交易产生一些不确定的影响。较为常见的事项包括沟通协调公司的注册登记变更、董事登记名册，各方面的细节往往都由律师来协助完成。

近几年由于地缘政治的一些发展和冲突，导致各地的政府审批对于交易的影响凸显，有一些交易很受美国方面的出口管制清单和各类制裁清单的影响。一个好的律师团队，要比较早地和买方、卖方明确一些事项，包括刚刚 Michael 提到的，在交易一开始，就需要去探一些行业监管部门的口风，或者看一下能否覆盖过往的一些案例，预判交易最后通过审批的概率。

我们看到越来越多的案例是由于反垄断审批或者国家安全审批导致交易暂停或终止，在这种情形下，能够尽可能减少违约金或者把违约金降到零，往往就是看各方律师起草的协议中条款的完备性，以及各方在面临相关情况时的沟通和调整。

交割过渡期更多的是一些琐碎杂事，但其实这些琐碎杂事也非常关键。并购过程是非常复杂的，咱们刚才说的每一点可能在重要程度上有所区别,但是在每一个环节中都可能产生所谓的导致交易失败的关键因素(Deal Breaker),交易双方在过渡期磨合不顺畅,甚至可能导致交易最终失败。

为了确保交割顺利过渡,往往会在交易先决条件中设置一些对于公司内部文件的编写或者更新规则,以此作为先决条件的一部分。当你觉得某些先决条件没有办法完成的时候,其实又会回到买卖双方的谈判过程中,需要就相关先决条件得到交易其他方的豁免,意思就是可以允许你不完成先决条件,依然可以完成交割。在少数股权交易中,由于控制权不变,对于买方而言最大的义务就是打款,很多时候更重的压力其实是在卖方这边,他需要去推动过渡期的种种事项,琐碎杂事非常多。

06

第六讲

PE/VC 律师真的每周一个新项目吗？

陆雯菁（Chris） 吴博宇（Daniel） 徐浩哲（David）

2022 年 3 月 27 日

1. PE 和 VC 两者有何区别？又有什么共同点？

David：

经常听到 PE/VC 两个词一块儿出现，那究竟何为 PE，又何为 VC？这两者有什么区别？

Chris：

从字面意思来讲，PE 是私募股权投资，VC 是风险投资，两者的共同之处是都通过非公开形式募集资金，对企业进行各种类型的权益性的投资。从广义上来理解，PE 是可以包含 VC 的，因为他们的交易标的都是非上市公司股权，不过也有很多专业人士从狭义角度理解 PE 和 VC 的关系，两者最大的区别体现在投资阶段。

VC 投资阶段偏早期，投资标的大多是初创公司，投资人参与投资更看重这些公司未来的潜力。即使公司的很多产品仍然处于研发阶段，也没有一些成型的产品或者成熟的商业模式，投资人也愿意去承担高风险来换取相应的更高的回报。

相比而言，PE的阶段更偏成长期和中后期。被投公司的商业模式其实已经得到了市场验证，而且也已经有很多明星资本去站台，投资风险相对于VC来说是比较可控的。VC很考验投资人的眼力，如果在初期就看到这个公司的成长潜力，那么融资到后期阶段，相对于后轮进入的投资人而言，它是以极低的价格取得了公司的股权，未来退出时取得的回报就会更多。

David：

从法律关系的本质来说，PE/VC的核心都是股权买卖关系。虽然广义上PE和VC都是非上市公司的股权投资，但之所以能够将其细分为两种类型的业务，确实是因为不同阶段的业务的内容会有区别。据我了解，做PE/VC的团队很少只做其中的某一块，一般是两块都有所涉猎，但可能会由于客户类型而各有区别。那从律师的角度来看，PE和VC的侧重点有什么区别？

Daniel：

从律师角度来看，PE和VC侧重点不太一样。因为对于PE类型的投资项目，可能公司已经融到D轮、E轮，距离上市也非常近，甚至在这一轮融完半年、一年后可能就直接提交IPO，因此律师会非常关注这类项目,同时投资人也会非常关注公司各项情况对于上市的影响。比如目前公司的控制权的关系是否为相关上市要求所允许,公司有没有什么上市的实质障碍,这是我理解的 PE 项目在尽调过程中可能会重点关注的一些事项。

但对 VC 来说,公司仍处于比较早期的发展阶段,可能目前还只是一些 A 轮、B 轮的融资,距离上市的时间仍比较长,一般可能至少四五年的时间,对于这类型的公司,律师更多会看它是不是有一些初创企业普遍存在的合规问题,但我理解投资人对于这类问题一般也是有一定包容度的,在看到这些问题之后,也会给予公司相应的时间去做整改。

从目前我们接触到的客户来看,PE 和 VC 确实是两种不同的投资方向,有些客户会兼有侧重于 PE 阶段和 VC 阶段的基金,因为市场上的这种投资机会很多,因此也会设立各种类型的基金去做有侧重点的投资。

2. PE/VC 与上市之间的一些关联

David:

两位聊 PE/VC 的时候,都有提到上市这个概念,是不是大部分的初创公司或者需要融资的公司都会以上市作为短期或者长期的目标?毕竟有这样的目标,对投资人而言才是对他们利益最大化的。在我接触到的一些 PE/VC 项目当中，很多交易文件中投资人的退出机制往往就是这个企业在几年内是否提交上市申请，如果没有提交上市申请，投资人就有权退出，所以是不是光靠股权的分红还是很难覆盖投资成本的，投资人还是需要以公开上市来获取最为核心的投资回报。

Daniel：

对，这种初创企业的分红其实非常有限，在很多投资协议中会有个约定，其实公司在上市前就不进行分红了，相应的新的资产还是留给公司去做运营。投资人也不希望刚赚了钱就拿来分，还是希望能够快速扩张公司，使公司更快地成长、去上市。

Chris：

其实上市是 PE/VC 机构获取收益的一个最主要的方式。但凡公司上市，对于公司的高管来说会一夜实现财富自由；对于投资人来说，他们投资的股权价值会翻几十倍甚至几百倍，这都是有可能的。

3. 和 PE/VC 相关的基金就是让我们天天亏钱的那个玩意儿吗?

David：

跟 PE/VC 连接很紧密的另外一个词就是基金，这里讲的基金和基金机构是什么样的概念?和我们老百姓日常买的基金是不是有些关系,还是说它们是两个完全不同的概念?

Chris:

我们日常从公开渠道购买的基金,是公募基金;PE/VC 业务中的基金通常都是私募基金,是不可以公开募集的,只能向特定的机构或者个人发行。管理基金的就是基金管理人,它们所管理基金的类型也有区分,比如私募证券、私募股权、创投基金,还有一些新的如资产配置类的基金,所以 PE/VC 业务中的基金主要指区别于私募证券基金的私募股权和创投类基金。

Daniel:

公募基金和私募基金最主要的区别其实还是它的发行方式是否为公开发行。公募基金和私募基金对于合格投资者的要求也是有区别的。像公募基金,其实购买的门槛很低,比如现在有些基金最低的购买金额是 1 元或者 100 元。买公募基金也需要对个人的投资能力去做判断,是一个更偏向于大众理财的概念,它的投资门槛是比较低的。目前我们市面上能够买到的公募基金,它主要还是投向二级市场,包括一些上市公司股票、债券等。

由于私募基金非公开发行,对于投资者适当性的要求是非常严格的。对于自然人来说,要求个人的金融资产不低于 300 万元;对于机构来说,最基本的要求是净资产不低于 1000 万元,相对投资公募基金来说这是一个更高的标准。在起投金额上最低的投资额是100万元，相较公募基金明显更高。这些都是私募基金显著区别于公募基金的方面。

David：

从法律逻辑上来讲，一个产品或者说一个事物，一旦面对社会公众或者关系社会大众利益的时候，它的监管强度、牌照获取难度、被监管的力度就会呈指数级上升。从牌照获取或者申请审批角度，公募基金和私募基金的手续流程有什么不同？直观感觉公募基金应该要比私募基金复杂得多。

Daniel：

是的，公募基金的监管相对私募基金要严格很多，公募基金是证监会监管下的产品，它的管理人就是我们俗称的基金管理公司，是在证监会持牌的金融机构，这是公募基金显著不同于私募基金的地方。目前持牌的基金管理公司数量也是有限的，大家认可的基金管理公司都是可以数得上号的。①

对于私募基金来说，它的私募基金管理人虽然也受证监会的监管，但严格来说并不是在证监会体系下的持牌金融机构，而是证监会授权基金业协会来进行自律管理的。从数量上来说，私募基金管理人的数量目前来看是有几万家，所以我觉得无论是从数量上还是从监管强度上，两者都有比较大的区别。

① 截至2023年8月底，我国境内公募基金管理人共157家。

David:

还有一个逻辑就是一级市场和二级市场的概念,因为 PE/VC 很多时候都是一级市场投资,直接把公司的股权拿出来买卖,但一旦涉及二级市场这种流动资本,监管强度也会上升。

Daniel:

对,我们提到的公募基金,它的主要投资对象还是这些二级市场的股票、债券,上位监管法是《证券投资基金法》。在起草和讨论这部法的时候,对于私募股权类的基金如何去监管,当时也是有一些争议的,但最终没有把私募股权类基金明确放到基金法的监管范围之内。我们这里讲的私募股权基金,包括会投 PE/VC 的基金,以及一些投资于二级市场的私募基金,其监管的法律依据是证监会在 2014 年出台的《私募投资基金监督管理暂行办法》。同时,国务院发布的《私募投资基金监督管理条例》已于 2023 年 9 月实施;其作为私募基金监管的上位法,为私募基金监管的整体法律体系提供了基础。

目前有很多产业投资人比如大的机构和上市公司,都有一些设立私募基金管理人的需求。这种需求背后的主要原因是可以做一些投资,有一些已投资的好的企业后续可以整合到它的上市公司体系内,同时也可以通过这种投资来获取经济利益,包括我前面提到的与上市公司体系联动也是一个考虑。

目前有很多新兴的基金管理人募集资金去做高效的投资，为投资人带来收益，同时自己也从中获取投资收益，形成投资组合（portfolio）。

David：

如果我要设一个私募投资的基金，大概需要多久？

Daniel：

从周期上来说，基金业协会对于私募基金管理人一直维持着比较强的监管水平。从我目前的执业情况来看，监管要求还是非常严格的，律师需要对相关的合规性发表法律意见，同时也需要根据基金业协会的要求出具相关的承诺及说明。从初期的这些尽调工作，与律师相关的沟通协商以及相应的合规整改，到后续提交基金业协会进行管理人登记的审核，再到最终取得登记资格，三个月左右的周期比较常见。

Chris：

监管要求确实是日趋严格的，而且基金业协会审核时会有各种各样的补充问题需要律师协助解决，所以这个周期是不确定的。

4. PE/VC 业务与资本市场、投资并购的关系

David：

聊到现在我内心有一种矛盾的感觉,因为 PE/VC 解决的还是资本市场的问题,但是归结到律师的操作层面,PE/VC 作为股权买卖,它其实又是投资并购类的业务。

Chris：

PE/VC 归属投资并购类和资本市场类,在逻辑上其实都是可行的,首先,毕竟资本市场包括一级市场和二级市场,PE/VC 正好属于一级市场的范畴。其次,投资并购又可以细分为各种类型的投资,比如股权投资、固定资产投资、股权收购和资产收购,因此 PE/VC 又属于投资并购类业务中的股权投资。

律所将 PE/VC 领域独立出来,我理解有两方面的好处,一方面是对内比较方便管理,也方便相同业务领域的律师进行一些合作和交流。另一方面,其实是更重要的,对外而言,律所毕竟是乙方,它其实需要突出自己在细分领域的专业化程度来吸引客户,从而获得更多的商业机会。从这个角度上来说,PE/VC 这样的细分领域也是非常必要的,因为如果你在 PE/VC 领域排名非常靠前,你的竞争力就更强。

Daniel：

对，我觉得PE/VC独立出来可能是因为它的客户。相对于资本市场类型以及投资并购类型的客户，PE/VC会有一个自己更为独立的客户群。有很多私募基金管理人，其实是PE/VC领域非常重要的客户源，他们会有非常多的PE/VC项目，需要一个专门负责这一块的律师团队提供法律服务，所以在很多律所中，PE/VC领域的律师都可以独立出来成立一个单独的部门。

同时，我觉得PE/VC领域相对投资并购还有资本市场，在业务属性上也有一种相辅相成的关系。熟悉资本市场类业务的律师会对IPO相关的法律法规和监管规则比较熟悉，而我们刚刚提到的PE类的项目，在PE阶段就需要去关注后续IPO的一些事情，所以熟悉IPO领域的法律法规也会为PE/VC阶段的投资提供很大的帮助。

此外，PE/VC在本质上跟并购交易还是比较类似的，PE/VC项目更多情况下也是一种简化的投资并购项目，如果有比较多的这种并购类交易经验，也会对PE/VC项目的尽调、谈判有比较多的帮助。

5. PE/VC 的门槛并不高,但做到专业还是很有难度

Daniel:

我觉得 PE/VC 的入门门槛的确不高。之前看过一些律所、律师的介绍,其实很多非诉律师也会把这种私募股权投资作为他们的一个执业领域,因为大大小小的投资项目很多。所以虽然门槛不是很高,但如果真正想把这个领域做专、做精,其实是有必要去成立单独的部门的,通过不断的交易去获得更多的经验。

David:

两位刚刚用了两种视角来看待 PE/VC 领域的特殊性。一个是律所内部管理的视角,这种特定类型业务的管理更有利于在律所内部形成集中性的力量。另一个就是从客户角度,因为资本市场的客户本身就有 PE/VC 的融资这种硬性的需求,所以不管从供给角度还是需求角度,把 PE/VC 业务从资本市场或投资并购大类中划分出来都还是挺有意义的。

特别是我了解到,很多做 IPO 业务的律师也会做 PE/VC 业务,在此之前我总觉得上市业务和股权投资区别还是挺大的。此外,做跨境战略并购的团队也会做一些 PE/VC 的项目,毕竟大的跨境交易的数量还是偏少,可能日常就会带着这种小的

PE/VC 项目去推进。

Chris：

大的项目并不是特别多，所以很多不同类型的业务团队多少也会接触到一些 PE/VC 项目。如果一个团队做比较多的 PE/VC 业务，可以在早期就跟公司建立联系。跟随公司进行多轮融资之后，有可能以公司律师的身份参与公司上市发行，所以其实从早期就伴随公司成长，到最后 IPO 发行，能够在整个公司发展过程中帮助公司解决合规问题，律所团队也能够获取相应收益，这也是市场上比较成型的一种打法。

6. 律师在 PE/VC 业务中都和哪些人打交道？

Chris：

我们的业务可以分为两类，一类是客户为投资人的情况，你需要跟目标公司和投资人内部的团队打交道，具体来说和公司的沟通主要体现在尽调（在前期跟公司沟通一些尽调的文件），参与现场访谈，以及后期的交易文件的谈判。和投资人的沟通主要体现在尽调完成之后要向投资人汇报尽调的结果，而且要就交易文件的起草和修改去征求投资人的投资团队、业务团队和法务团队的意见。

另一类是客户为公司方的情况，相比投资方而言，沟通起来会相对复杂,因为我们不仅要和新的投资人就融资条款达成一致意见,也要和老股东协商沟通,看他们对新一轮的融资股权,比如股东协议的约定是否有不同意见。

大家在就股东协议包括各种附属文件达成一致的时候,才可以完成这个项目整体的交割。除此之外,我们在协助公司方融资的时候,在交割过程中还可能需要协助公司完成备案变更,这个时候就需要和公司聘请的工商注册代理进行一些沟通。

Daniel:

这里面一个比较核心的问题还是甲方和乙方的关系。投资人毕竟是资方,在与公司打交道的时候,整体还是一个“甲方爸爸”的地位,所以如果你代表投资人,会感觉到处于甲方地位,整体不会那么有压力,这是我主观的想法。

代表公司的话,由于公司需要投资人来给它融资,所以在谈判上更多还是以一种乙方的角色去跟投资人沟通。但情况也可能有变化,如果是很好的公司,很多投资人可能会去抢项目、抢投资额度,这里面的关系也会发生一些微妙的变化。

基金本身其实也是一个投资载体,在对外投资的时候,它处于甲方的地位,在融资的时候又是乙方的地位,在它上层有其他的 LP(有限合伙人,一般是基金的投资者、出资方)。PE/VC 业务整体来说也是前面说到的,甲乙双方在不同阶段的地位一直在发生微妙的变化。

Chris：

对，具体到一个 PE/VC 机构里面，它的业务部门同样直接对接项目公司去开展投资，相对项目公司来说还是比较强势一些，这是我们通常所看到的情况。同时，部分投资机构也会有自己的融资需求，他们都会有自己的 IR（investor relationship），需要跟它的投资人去打交道，这时它就是一个偏乙方的角色。

David：

这对我来说是一个非常大的收获。任何业务中甲乙双方关系的微妙变化，是能够在不同项目的不同阶段体现出来的。把 PE/VC 交易当成买卖关系来看，卖方律师有时候要比买方律师难做的点就在于他可能需要向公司的人去解释投资交易的一些基本逻辑和知识，相当于是一个教他们的过程；但如果你给投资人做律师，难处往往就在于压力比较大，因为投资人都比较专业，工作效率比较高，节奏快，有时候也会对一些律师的观点提出挑战，所以跟投资人打交道和跟公司打交道的难处是不太一样的。作为公司方律师，在应对多方投资人的时候，面对多方诉求的平衡压力也会比较大。

7. PE/VC 执业过程中一些艰难的项目经历

Chris:

我们当时是作为投资方的律师,但投资方是国企的控股基金,而且这个项目也已经融到了 Pre-IPO 轮次。在这个时候,公司的整体业务规模已经变得非常大,国企客户的内控又非常严格,当时我们需要按照国企客户的内部模板出具报告,报告整体写下来有 200 多页,但时间周期要求在两周之内,而且每天都要对尽调的发现进行汇总和报告,当时团队压力还是非常大的。

Daniel:

我其实遇到过这种情况。外部律师作为投资人的法律顾问,服务的主体部门有时候是不一样的,有些项目中可能是投资人的业务团队来聘请我们,有些项目中可能又是投资人的法务团队来聘请我们。有一些项目中我们还遇到过被两边业务团队以及公司法律内控团队夹在中间的情况,是比较尴尬的一种情形。

David:

业务团队和法务团队的矛盾冲突,其实在各个类型的业务中普遍存在,但是律师如何能够在中间缓和两边的关系,给出一个自己中立的、合规的意见，我觉得也是律师在执业中时刻需要特别关注的事情。

8.“短平快”是否就是 PE/VC 业务的代名词？

David：

聊到现在，PE/VC 业务最核心的一个特点跃然纸上，那就是“短平快”。你们经历过的最快的项目花了多久？最长的项目又花了多久？我常听说 PE/VC 节奏非常快，快到每周一个新项目，你们怎么看待这种节奏？

Chris：

我接触到的 VC 项目有一两个是比较快的，加上完整的尽调，最快 1 ~ 2 个月就可以完成。如果它的融资阶段和上一轮融资的时间很接近，投资人为了节省时间，会同意我们参考上一轮的尽调报告，然后告知他们关注哪些重点的方面，由我们去做一个补充尽调，和完整尽调相比时间会缩短一些。

最长的项目，五六个月还没有什么实质进展，所以平均下来，我们团队目前周期在两三个月的项目是比较常见的，您刚才问会不会每周一个新项目。其实对于整个团队来说，每周一个新项目是可能的，但是整个团队还是要进行一些合作，而且我们也会根据每个人不同的工作量去均匀地分配，避免一个人带四五个项目,这样效率不会很高。

***David*:**

所以 PE/VC 业务小伙伴手头上的项目数量确实是比较多的,但真正主导的还是会集中在一两个项目上。

***Daniel*:**

我自己作为主办律师需要去跟踪全周期的项目,会有三四个,此外还会在尽调中提供一些支援,负责尽调的一部分。

有些项目确实比较快,基金管理人内部有自己的这种投决流程。有一些项目立项后会开始整个项目的尽调工作,尽调完成后,基金管理人为了抢这个项目额度,需要尽快完成项目内部的投资决策,我们一般叫“投决”,就是公司内部的几个核心的合伙人,需要对项目发表意见来判断要不要去投这个项目。这个阶段需要他们将一个完整的法律尽调报告提交给投决会。因此在开展尽调之后,投资人希望能够尽快把项目上的一些主要法律问题提示出来,形成相关的文件来上会。

所以我们现在能够看到很多项目要求的时间可能越来越急,我见到过最急的要求一周就出报告,主要由于上会的需求,他们需要有内部材料作为他们上会的支撑,同时针对一些主要的法律问题,能够先有一些初步的解决方案出来。

9. 聊聊 PE/VC 业务中的尽职调查

David：

这里就有一个“悖论”，结合我做非诉律师的经验，尽调一定是需要时间的。时间越紧，尽调必然就会越不细致，遗漏重大风险的概率也就越大。你们有在项目中遇到过投资人真的因为尽调报告揭露的风险就放弃交易的吗？我遇到过的，我们代表国外客户在中国市场投资的时候，他们比较谨慎，对于在尽调中发现的一些国内目标公司的法律风险，还真的就在考量过后放弃了投资。现在这种赶时间的项目尽调上会不会就是形式主义，到底能不能在投资人决策环节起到很关键的作用呢？

Daniel：

很多 VC 轮或者更早期的天使轮项目，投资人都不会去请外部机构做尽调，可能就是他们内部的风控团队去做尽调了。有律师介入的项目也都是稍微有一些起色的，有一些初步发展的项目。关于尽调问题是否会成为导致交易失败的因素，我觉得整体上来说，通常我们见到的这种财务投资，核心是从公司的投资中去获取收益，所以对一些问题一般都是作为先决条件（CP）去解决，是存在解决空间的。我遇到过一个项目，一些合规问题反映出创始人的信誉有问题，投资机构可能会基于这方面的考虑放弃投资。

Chris:

尽调报告在一定程度上还是可以给投资人提供一个参考的,我们确实遇到过一个项目,客户在考虑各种风险之后最终没有进行并购。那个项目其实我们法律团队这边最大的问题就是它的回购条件,可能在之后的几个月或者一年之内就会触发,结合财务尽调的结论是整个风险敞口会在几千万元。评估下来,投资人的并购意向就没有那么大了。所以如果是一个比较专业、靠谱的律所来做,肯定可以通过尽调发现这种明显的问题。

David:

刚刚提到了财务尽调,投资人如果是经验比较丰富的团队,他们的财务尽调都是自己来推进吗,还是说也会聘请财务顾问?

Chris:

我个人遇到的项目一般会聘请外部财务顾问。其实投资机构最为核心的还是自己的商业判断和投资决策,大部分关于财务和法律的东西还是会委托第三方进行。特别是一些并购,如果是股权并购,你需要承受这个公司所有的债务,这个时候聘请专业的外部财务顾问和审计机构是非常必要的。

之前提到的尽调在什么程度上可以帮助投资人,我也有一个很切身的体会。那个项目也是一个并购项目,当时我们在尽调过程中发现它有一些潜在的未决诉讼，金额约一两百万元，我们针对这条向客户提示了相关风险，同时也写入了我们的交易文件，当时是通过预扣款的方式，把这部分风险先排除出去。

事实证明，在交割后的一年之内出了生效判决，项目公司败诉了，正是因为有我们尽调报告的风险提示，帮客户免去了不必要的麻烦，将这 200 万元的损失放在一个可控的范围之内，所以我理解尽调报告还是非常有必要的。

David：

这里面需要律师有一定的财务知识，比如对于这种未决诉讼处理在财报中的计提方式，多少还是要通过财务报表以及跟财务投资人的沟通来进行对接的。

Daniel：

我再补充一点，就是关于基金客户要不要请律师，以及请律师的相关费用是怎么承担的，一般和这支基金本身的合伙协议的约定有关。有些基金客户，对投资时候发生的第三方尽调的费用，包括律师费、审计费，都会以基金财产支付，是基金发生的一个费用。这种情况下，相当于管理人不是花自己的钱，而是花基金的钱去给这个项目做尽调，这个成本最终是由包括私募基金管理人在内的所有投资人共同承担的。所以为了能够投到更好的项目，一般会尽调得更为彻底一些。

也有一些基金的投资人会觉得不希望我这支基金产生那么

高的尽调费用,或者说不希望这部分费用是由这个基金来承担,希望管理人自己去承担,在这种情况下,管理人可能欠缺动力去请很好的机构做尽调,或者说是有一些项目他们自己内部去看,不请外部机构去看。这种情况下可能会简化尽调过程,避免管理人的运营成本过高。

这是两个比较极端的情况,中间状态的情况是项目如果最终过投决,就是由基金去承担,没过投决的话由管理人自己承担。所以从项目费用承担的角度上来说,这也是影响管理人是否要对投资做尽调的一个比较重要的考量因素。

10. PE/VC 业务的基本项目流程总结

David:

我是这样理解一个完整的 PE/VC 流程的,从基金设立开始,到通过监管机构的审批,再到追加问题和最终通过审批拿到牌照,成立后再去市场上做一些相应的投资。这些基金可以归结在某一个投资组合或者上市公司联动的框架范围内,然后再去做各式各样的投资、交割,最后是投后管理。

Daniel:

补充一些前期流程。其实最早期,基金首先是募资,在募资端,我们一般叫基金设立业务,包括管理人的设立、基金的设立,管理人设立主要是跟监管机构和自律组织打交道。在取得相应的资质之后,管理人去和投资人,即GP(普通合伙人)去和LP做谈判。基金设立起来,通常是有限合伙企业作为基金主体,主要协议就是基金的合伙协议,协议会对这些管理人和LP的权益做出约定,这相当于是基金端的业务。那么在投资端,也就是基金设立之后开展的投融资工作,就是我们刚刚所提到的这些PE/VC的工作,加上这些,相当于是一个全流程。

07

第七讲

风口上的 AI 创作和 AIGC，在法律上面临哪些挑战和机遇？

王娜（Nana）　徐浩哲（David）

2022 年 11 月 18 日

1. 如何理解当下的 AI 创作？①

Nana：

我目前在一个法律科技创业公司的知识团队中从事智能法律科技产品相关工作，对于 AI 创作的理解还很有限，而且这个话题还没有被明确定义和规范化，我们作为从业者正参与其中。AI 创作在过去一年变得非常流行，各种 AI 绘画和文字创作产品层出不穷。

网上有很多对 AIGC 的误解，似乎把 AI 系统当作一个自主决定产出内容的实体，赋予它一种可怕的科幻色彩，声称 AI 将

① 科技行业的发展日新月异，近年来的人工智能赛道更是如此，这期节目刚录制完成，就迎来了 ChatGPT 的广泛普及。受限于发布时间，这一讲并未覆盖最前沿的 AI 产品应用、法律法规和司法判例，但对于 AI 产品在法律领域的适用和思考，依然颇有借鉴意义。当然，播客《机智的律师生活》会长期跟进法律科技和人工智能领域的前沿动态，欢迎大家前往收听。

统治地球、毁灭人类等。实际上,目前 AI 的水平还远没有达到拥有自主意识的程度,它仍然是一个强大的工具。AI 创作并不是无中生有的过程,决定创作内容的仍然是人类,而 AI 系统则负责展现内容,是一种形式。因此,在这个层面上,AI 仍然属于传统意义上的工具,只不过相较传统工具,AI 具有更高的自动化程度。可以将其比作一支非常好用的笔,但仍然需要人来使用,告诉它要画什么。让一支笔自己在桌子上开始画画,这样的想法是不现实的,这是网上一些误解的声音。

David:

在中文翻译过程中,常常将 AI 称为人工智能,似乎它与人类一样。但实际上,在英文中,人工智能是 Artificial Intelligence,翻译并不那么直接,也不意味着要取代人类,而是更多地强调其作为工具的属性。

Nana:

以 AI 绘画为例,目前市面上的 AI 主要通过用户输入关键词提示来生成图片。AI 会提前使用庞大的数据集,即已有的人类绘画作品进行训练。通过编码输入的数据生成向量,然后通过另一个模型解码将向量还原为图片。因此,AI 绘画可以理解为通过给 AI 系统输入关键词,系统经过大量数据的训练,可以反推出相应的图片,并在这个过程中不断检查关键词与图片的匹配程度,并进行修改,以更贴近输入的描述。

从这个意义上说,如果输入的关键词与常识更符合,且更符合图像规则,AI 生成的图像效果会更好。这是因为需要大量的原始数据来训练模型,而这些数据源于我们日常生活中的人类绘画作品,它们符合人类的常识。

举个例子,如果我们输入关键词“宇航员骑马”,则生成的照片就是宇航员骑在马上,但如果输入的关键词是“马骑宇航员”,AI 可能无法理解这个关键词,因为这个关键词太反常识,数据集中缺乏这样的素材,所以 AI 系统无法生成。我尝试了一些 AI 绘画软件,输入“马骑宇航员”得到的结果仍然是宇航员骑马,正是由于这个关键词太反常识而无法生成。

David:

在这个过程中,AI 将关键词识别为三个要素:马、宇航员、骑。

Nana:

是的,但由于现有的大量数据都是宇航员骑马的情况,所以 AI 生成的图像也是宇航员骑马,无法输出马骑宇航员。我认为这可能有两方面原因,一方面是原有数据中缺乏马骑宇航员这样的素材,另一方面可能与自然语言处理对主谓宾语句结构的智能识别有关。

2. AIGC 又是什么?

David:

我们并非技术出身,关于复杂的技术和算法没法沟通太多,但是我觉得是否可以将其理解为:创业者或研究者把大量的数据按照一定的方式进行转化,然后我们输入一些提示词(prompt)文字,再通过一些模型生成最后的产品。

Nana:

基本上是这样的,AI 创作人工智能模型生成的产品就是我们现在讨论的 AIGC 了。你刚刚提到了模型,有一些模型的构建方会是参与方,还有一些开发者,其研究工作属于整个人工智能行业的上游。训练模型的数据来源,可能会从公开渠道或者一些特定渠道去收集。数据来源这一块,我们会通过一些公开的库来进行大批量的图像抓取。比如 Midjourney,是基于现在已有的一些经典文艺作品来生成,因为这些作品时间上基本都过了专利保护的期限了,用起来会方便一些。还有一些未经允许的开源软件或者一些开源的产品,它虽然允许你使用,但其实有些地方是会加一些禁止商用的小限制在里面的。

我觉得要对这里讨论的 AIGC 进行一个范围的限缩,因为目前 AI 应用的范围已经非常广泛了，形式也很多样。没有一个官方的机构（包括欧盟）来对 AIGC 到底是什么进行分类和界定，他们现在界定的边界只限定在 AI 系统，这是我上次看欧盟的人工智能白皮书得出的结论。① 我理解的广泛意义上的 AIGC 大致可以分为两类，第一类是比如微软小冰之类的 AI 机器人，你用 Bing 搜索引擎的时候，它会在 Bing 界面的右边和你聊天。微软小冰这种 AI 机器人属于综合的人工智能框架，此类 AI 系统不会产出单一的作品（比如一幅画），但是它的交互性更强。

第二类则是能够产出单一作品的人工智能，比如说最近热度很高的 AI 写作、绘画 AI 等就属于这个范围，它能给你一个成品。我们今天要讨论的 AIGC 属于第二类，如果非要给它一个界定，我认为此类 AIGC 就是指由人工智能系统根据一定程度的人类参与而自动生成的内容，人类参与通常包括输入特定的描述性关键词、指令和参数等，这是我对于今天所讨论的 AIGC 范围的界定。

---

① 自这期播客节目发布以来，包括中国、欧盟在内的世界各司法辖区都在迅速推进 AIGC 或生成式人工智能的立法工作。比如我国于 2023 年 7 月 10 日发布的《生成式人工智能服务管理暂行办法》，将生成式人工智能技术定义为“具有文本、图片、音频、视频等内容生成能力的模型及相关技术”。受限于节目发布时间，本讲内容并未涉及法律法规的最新动态，但播客《机智的律师生活》会持续跟进人工智能和法律科技领域，欢迎大家订阅收听。

3. 有哪些优秀的 AIGC 产品值得体验?

***David*:**

现在有一些比较热门的 AI 产品,像这一期播客的封面图是通过捉捉猫(draw draw)这个产品来生成的。除了你们公司的捉捉猫之外,也可以给我们介绍一些主流热门的创作产品,大家可以去试试看。

***Nana*:**

我平常玩得较多的是我们公司的产品,最多的是捉捉猫,它是绘画领域的,量子速写是文字创作领域的。因为我们公司自己的员工就有权限,所以我经常玩儿捉捉猫和量子速写。

国外很多模型是很好的。AI 绘画领域有 Midjourney、Disco Diffusion、Stable Diffusion 等产品。如果你给的提示足够细致,AI 画出的效果是非常惊艳的,但是大部分模型都不支持中文。如果你的英语水平足够好的话,其实是否支持中文都无所谓,但是不支持中文的话,你就会觉得没有那么好玩儿。因为我觉得用母语来进行创作,会有更多的灵感。比如,我输入一句“落霞与孤鹜齐飞,秋水共长天一色”,可能就会有一些中国人特有的情感在里面。

在上述我说的这些国外的产品里面,我印象比较深刻的是 Midjorney[①],一方面是因为 Midjorney 刚开始用的时候不收钱,可以免费画 25 ~ 30 张照片,技术推广在前期是否收费对推广影响非常大。另一方面是因为我觉得 Midjorney 的社群运营得很好,在社群里大家有可以讨论的空间,就会分享自己觉得很不错的绘画和指令(prompt),它就形成了一个非常轻松的讨论环境,对新人也非常友好,它上面会有教程教新人如何一步一步地去使用。

平台本身也鼓励大家把 prompt 放出来,让更多的人去尝试。我觉得这样很好,因为 Midjorney 比起其他的绘画产品,其实已经突破了 AI 绘画本身作为工具的属性,它开始更多地通过这个工具把更多的人联系在一起,开始有意识地去选择自己的客户,形成不同的社群。这是非常产品化的思路,这也是我对 Midjorney 印象比较深刻,也感觉比较良好的原因。

在写作领域,我自己用 Jasper 和 Copy. ai,现在没有免费版的功能。以 Copy. ai 为例,它的功能是非常完善的,里面预制了很多模板,有很多情境和文字风格,包括商务活动里写邮件、邀请函、广告语、宣传语,还可以写博客、小说等,是非常有趣的,尤其是写小说的功能。

---

① 一款由人工智能实验室开发的创意工具,可以根据用户的指令生成具有创意的图像,是目前全球最为知名的 AI 绘画产品之一。

David:

我想到 B 站有个 up 主叫 LKS,他有一系列节目,买那些国外又贵又看起来像智商税的产品来进行开箱,然后朗读他们的广告语给你听,我现在怀疑这些广告语有可能就是用这些 AI 产品写的。

Nana:

他们很有可能买了 AI 创作功能,然后就自动生成广告语。我试过用 AI 来给辣条写广告语,让 AI 自动生成奢侈品(luxury)风格的辣条广告语,效果非常好。我觉得可能是因为 AI 对于辣条本身是不加限定的,但如果让人类来写,可能就会有对辣条属于廉价商品的主观印象。

David:

我输入不同的关键词,看它会生成什么样的东西,通过变换关键词来让它生成不同的输出,其实这个过程挺有乐趣的。

Nana:

我印象非常深刻的是,有一天晚上我突发奇想要用捉捉猫创作,我花了大概两个小时试关键词,然后得到了我非常满意的克苏鲁风格的黑暗神话画作,它的细节极其丰富,完全是我想要的,当时我迫不及待地在深夜把它发到了我的工作群里面。因为我自己画画很丑,甚至可能会把小猪画成小狗,所以在这种情况之下，我尤其感谢 AI 绘画，我觉得它真的把我变成了一个画家。所以从这个角度，我是真的觉得 AI 可以丰富我们的生活，极大程度地增加我们的生活乐趣。

***David*：**

对于我们刚刚提到的 prompt，我可以再稍微解释一下，就是通过输入一些"指令"或"关键词"来达到一个生成效果。通常会有一个图片的主体，就是这个图片主要是什么内容，然后再加上一些细节词、修饰词。举个例子，比如一只猫坐在椅子上，宇航员在月球上骑马，你写一些类似这样的描述，可以通过逗号把这些描述区分开来。根据我个人的使用体验，你以逗号区分开来，跟你不加逗号区分而使用完整的一句话，效果差不了太多，机器在生成过程中就会自动把这些关键词和修饰细节词给拆开来再进行组合。

***Nana*：**

其实我觉得 prompt 更好玩儿的一点是它不太像我们常规理解的，画一幅画必须把每一个细节都勾勒出来，它同时还支持氛围感。我试过水墨风以及赛博朋克风。如果我想让画作有一种非常幽暗、神圣、克苏鲁的感觉，我在输 prompt 时就会输入："银器般的质感""天鹅绒般的质感""层层叠加的""神圣的""神秘的""祭祀的"等类似的短语，结果就非常有意思。我真的很推荐大家都去试一下，因为你会发现你对氛围的描述是真的可以被 AI 呈现出来的，而且每次点击都会生成不同的内容，有时候其中某一张图片就真的击中了我的心，呈现我自己完全想要的那种风格，这种探索的过程其实很有乐趣。

4. AIGC 是否具有著作权？如果有，那著作权人又是谁？

David：

刚刚聊了不少 AI 创作和 AIGC 的基本背景，该回到我们法律本身来探讨一些问题了。大家其实也都知道，AI 创作首当其冲的问题是知识产权下的著作权问题。使用产品生成的东西，能否作为一个拥有知识产权的作品，如果可以的话，用 AIGC 或者是 AI 生成的东西，著作权又归谁？目前的案例和法规中都没有对于 AI 生成或者 AI 参与的模式下生成的产品的比较明确的界定，不管是大陆法系还是英美法系都还在探讨。你作为一个相关领域的从业者，你觉得在现在的背景下，AIGC 的著作权归属大致是一个什么样的现状？因为技术发展得太快而法律有滞后性，现在立法还没有跟上技术发展的节奏。

Nana：

我觉得和 AI 科技直接相关的技术，比如新算法的发明、AI 框架的发明，毫无疑问是属于知识产权保护的对象的，属于专利权。当然这是知识产权的另外一个领域了，我们今天主要讨论的是著作权。谈及 AIGC，我们就会考虑它写的文章到底有没有著作权。

如果它真的有著作权，权利的客体是谁？AIGC 是否能成为著作权的客体呢？就目前来看，我认为 AIGC 符合中国著作权的保护标准。

实际上我们在司法案例之中可以看到有案例支持 AIGC 成为著作权的客体。在 2019 年深圳地区某法院首次承认了 AIGC 可以成为著作权的客体①，法院认为需要判断 AIGC 是不是符合作品的定义，因为先要成为作品，才能成为著作权的保护对象。

那么如何判断什么样的内容属于作品？

法院认为，首先，你这个东西要有独创性，独创性的判断标准有两个：从外在的表现上来看，它应当具备最低限度的独创性，也就是说你这个东西是能够反映出你独特的安排、选择和考量的，而不是完全复制别人的思维过程；从内部的生成过程来看，需体现出创作者个性化的选择、判断和技巧，使作品区别于已有的文学创作作品。

其次，法院还认为产生文章的过程应当被认定为著作权法上的“创作”。那么“创作”是什么？著作权法并没有直接指出“创作”的明确定义，2010 年国家知识产权局公布的《专利审查

---

① 深圳市腾讯计算机系统有限公司诉上海盈讯科技有限公司侵害著作权及不正当竞争纠纷案［案号：（2019）粤 0305 民初 14010 号］。

指南》指出，创作属于一种智力活动，并且和作品之间有直接的联系。这个案件中裁判文书的亮点就在于法院没有将创作的过程局限于 AI 系统生成内容的短暂瞬间，比如我现在输入关键词，点击一下，然后 AI 大概需要十几秒生成这个内容，法院不认为这十几秒的时间就是一个简单的创作过程，法院实际上是把创作的时间节点往前追溯，一直推到主创团队作出安排和选择的时间点，那么这个时间段就非常长了，可能涉及参数的选择、语料的选择，这个时间就远远地长于 AI 系统产生内容的一两分钟的时间。这就是我看到的法院裁判中最大的亮点——大胆地进行了扩张解释。

David：

可能也是从保护创新的角度来考虑的。

Nana：

是的，在 AI 还没有成为基础性技能的时候，可能就像我用 word 写文章，法院不会把 word 软件本身的构建作为创作，所以法律要把技术在当时的普及度考虑进去。

David：

从这个角度，我觉得法院在这个案例中更多地认可了 AI 系统的工具性能，它就是一支好用的笔，但实际上还是你作为创作者在使用这支笔。

Nana:

是的,我们从这个案子中可以看出法院在很努力地跟上科技进步的脚步,对于新兴产品所涉及的法律问题进行探索。这个案子很有借鉴意义,判决文书本身也写得非常好。

David:

刚刚的案例涉及的是生成文字型的东西,似乎和著作权关系更直接一些,绘画又是一个什么样的情形呢?

Nana:

我认为绘画需要另行具备审美价值。美术作品和文章的显著不同决定了这一点。美术作品如果在外观上看起来美,我们就会认为它具有审美价值,但文章并不会给我们这种感觉,这就是著作权法要求美术作品具备审美价值的原因。根据《著作权法实施条例》第 4 条对美术作品的定义,审美意义是其要求之一。

在广州市的一起案件中①,法院判定涉案标志属于商标而非著作权法上的作品。一家公司起诉另一公司侵犯其商标权,但法院认为商标缺乏艺术审美感和高审美价值。实际上,涉案标志只是简单的英文字母,外观上有锐角,黑底白字或白底黑字,

---

① 广州市例外实业有限公司诉广州市文化市场综合行政执法总队行政处罚纠纷案[案号:(2016)粤 73 行终 2 号]。

缺乏艺术和审美价值。

因此，根据《著作权法实施条例》和广州市的案件，我们可以推断出著作权法对绘画和美术作品同样要求具备审美价值。这个审美价值的要求也可以应用于AI绘画领域。不仅国内的法律要求作品具有艺术性，国外的判例同样有要求，如Nova Productions v Mazooma Games一案中，法院认为游戏玩家的参与"不具有艺术性，也未贡献任何艺术性的技能或者劳动"。如果你想受知识产权保护，你的作品需要具备艺术性。

我认为对于AI绘画来说，你输入的关键词要能充分展现用户的个性化安排和考量，选择关键词的过程可被认定为智力活动，而不仅仅是输入一些简单如"小猫""小狗"之类的不能被认定为创作的词语。你对关键词的构思需要体现创作的过程。AI系统根据你的关键词生成的画作在表现形式上具备一定的审美价值，即生成了一幅漂亮的画。只有在满足前述条件的情况下，你的作品才会被认定为凝结了人类智慧的智力成果，进而符合著作权法对作品的要求。因此，这种审查非常复杂，包含多个步骤。

David：

一方面是你在第一个案例中提到的，当前有判例将人类创造的过程前置，包括对模型的前期安排。另一方面，在你输入信息和prompt时，是否能够充分展现人类创作性和灵感的因素。

例如，在一个美术比赛中，一位选手使用 Midjourney 生成了一幅名为“太空歌剧院”的图片，引发了争议。这位选手并不是简单地将内容输入模型中就生成了一幅获奖作品。实际上，他花了几个星期的时间尝试不同的 prompt，并在 photoshop 和其他软件上进行后期修图和加工，才生成了这幅画。因此，如果你能够证明，或者说作品的生成过程能够充分体现人类参与的程度和创意，那么图片被认定为作品，具有著作权的概率就会大大提高。

Nana：

目前国外 AI 生成作品的开源网站非常多，但大部分采用的是免费版权（CC0）的模式，也就是开放版权，无论输入和输出什么内容，版权都是开放的或是可以被大家共享的。这是技术在发展初期一种比较好的进入公众领域的方式，但现在一些出色的主流创作软件开始收费。一旦开始收费和商业化，你就很需要明确界定权利归属。

David：

这就引出我们的下一个问题。之前我们已经讨论了 AI 成为作品的可能性，那么谁是著作权人呢？我的理解是根据现行法律体系，AI 系统本身不可能成为著作权人。根据《民法典》和《著作权法》的规定，享有权利的主体只能是自然人、法人或非法人组织，除此之外别无他选。

但让我们进行一些衍生思考。如果将来我们的 AI 技术真的发展到一定程度,使 AI 广泛渗透到我们生活的方方面面,我们现行的享有权利的主体无法满足那时的需求,是否有可能制定一种电子人格(Cyber Person),作为权利享有者?从法律创新的角度,我觉得可以参考当前法律框架中的监护人和未成年人的关系。

Nana:

我觉得这是可能的。像现在有很多火热的虚拟女团、AI 机器人等。很多观众并不满足于将虚拟女团的著作权归于公司。当虚拟女团发展火爆时,许多人希望虚拟女团具有独立的人格和自由,这是很多观众的美好期待。我是真的觉得如果我们的科技发展到那一天,很有可能也拟制出一个电子人格。目前,根据我们现有的案例来看,拥有 AI 系统的法人被认定为著作权人。

在前面提到的 2019 年深圳法院关于 AI 写文章的案例中,法院认为法人是著作权人。然而,现在我们更多讨论的是,如果用户利用拥有 AI 系统的法人来生成内容,用户是否能成为著作权人?例如,我作为员工在我们公司使用 AI 生成一幅我满意的画,这幅画能够满足著作权法对创作的要求,那么我有可能被认定为著作权人。那么什么是创作呢?我们之前也讨论过,首先它必须是智力活动。其次,创作过程与最终作品之间必须存在关系。实际上，第二个标准是比较容易满足的，因为用户肯定会输入许多关键词，而 AI 生成的内容也能直接反映出用户对关键词的选择。因此，创作过程与作品之间肯定存在直接关系，或者说很容易证明它们之间存在直接关系。

我认为难以证明的是第一个标准，即创作过程是否属于智力活动。这要求在输入关键词时真正用脑子去思考，体现出相当程度的思维运作和独创性，使你的输入能够被认定为智力活动。然而，你所说的独创性到底需要达到什么程度，我觉得这没有一个固定的标准，无法统一量化。

David：

这是关键，可能涉及我使用你们公司产品生成的封面图，版权是归你公司所有还是归我所有。

Nana：

这个问题确实很关键。无论是国外的大公司还是我们国内的公司，都希望将所有权利赋予用户。最终用户会使用生成的图画来赚钱，为了使产品规模扩大，让更多的用户正式使用该产品，科技公司一定会将权利赋予用户。因此，即使用户对关键词的选择很简单和随意，难以达到作者的标准，科技公司也可以通过用户协议将所有权利赋予用户。实际上，我们公司的用户协议确实这样做了，就是将生成的作品的著作权直接归属输入关键词的用户。

因此我们会在用户协议中声明,我们放弃所有关于著作权的权利,并将所有权利赋予用户。因此,即使没有签署书面的著作权转让合同,如果将来发生争议,这实际上也是一个非常有力的证明,即这个权利确实属于用户。

***David*:**

这真的非常符合早期互联网的开放精神。

5. AIGC 在当下可能有哪些法律风险?

***David*:**

我们刚才讨论了著作权和知识产权的重要性。但有一个常常被忽视的问题是侵权和不正当竞争。这是所有 AI 创作无法回避的一个问题,即将大量数据模型进行商业使用。尽管一些数据源是公开的,但商业使用和大规模数据爬取的过程是否可能构成商业上的不正当竞争仍有待探讨。核心问题是直接抓取他人公开数据用于打造自己的产品是否合法。

***Nana*:**

让我们以 AI 作画为例讨论侵权问题。最近有一条新闻引起了大规模争议,日本有位画家由于有一家公司使用其作品来训练 AI 模型而表达不满,这引发了对 AI 的抵制。作为一家科技公司的法务,我倾向于认为这不构成侵权。从客观角度来看,我们可以将AI作画类比为人类画家学习绘画的过程,人类画家学习需要大量借鉴已有名作。只要AI产出的画作不构成抄袭,AI对于输入数据如何使用,如何训练大脑,一个人类画家如何学习已有名作等,不应该被区别对待。因此,是否构成侵权实际上取决于产生的画作是否侵犯了他人权利,而不是使用了多少数据。

事实上,我们可以从现有的自然人侵权案例来看待作品构成抄袭的标准。有一个指导性案例发生在山东,①其中认为构成抄袭的标准有两个:首先,被诉的侵权作品是否接触过原权利人的作品;其次,被诉的侵权作品与原权利人的作品是否构成实质上的相似。在AI绘画领域很难证明第一个标准,因为训练模型所需的数据量庞大。而思想和表达的二分法原则告诉我们,法律只保护具有独创性的形式,而不保护思想。因此,即使AI使用了原作的构图思路,但如果其作画方式与原作迥异,很难察觉原作的痕迹,我认为不应认定为侵权。

在国外,还有一些有趣的案例值得关注。有艺术家认为AI创作出的作品抄袭了他们的创作风格。例如,某些知名艺术家在形成自己的独特风格后,很可能无法将其作品以著作权或其他知识产权进行保护。但他们认为让AI学习他们的画作并生

① 张晓燕诉雷献和、赵琪、山东爱书人音像图书有限公司著作权侵权纠纷案。

成类似风格的作品，实际上是在推广和商用过程中利用了重要的、能直接带来现金回报的东西，实际上就是利用他人的劳动成果来谋取利益。

从法务的角度来看，如果有人起诉我们公司，我觉得这种抄袭是很难证明的事情。这更多是在伦理和道德层面上存在一定的隐患，但是现有立法对这方面的保障还不够完善。当然，我非常尊重画家的原创风格，但是我认为这样的争议一旦发生，真的很难证明。

***David*：**

关于法律的讨论我们已经很深入了，可能对非法律背景的听众来说有些困难。如果对此更感兴趣，可以点击我们节目介绍里的文章①，并亲自尝试一下我们提到的产品。

***Nana*：**

我在小红书 App 上发现了一个中国用户，他使用 Stable Diffusion 生成一幅画，在当地申请了个人作品的著作权登记，并且成功完成了登记。登记过程都是在线的，无须线下办理，非常方便。

① 参见链接：http://mp.weixin.qq.com/s/CvHvCHFdtHb747vDbxsFpA。

6. 是“图一乐”还是生产工具?

David:

关于人工智能在生活和工作中是否能带来质的改变,目前我个人觉得更多是作为“图一乐”使用,比如我工作累了会用 AI 绘画网站生成一些有趣的图片。但从创业公司的角度来看,要改变我们的工作和生活,还需要更多的时间和发展进程。

Nana:

我已经高度依赖 AI。作为法务人员,我经常使用 AI 来修改和续写文章,使其更符合读者的阅读习惯。我自己在写作过程中有时候表达不够流畅,AI 改写功能可以使文章更加自然。

David:

文书写作是法律人要面对的共同问题。

Nana:

是的,这个问题困扰了我很长时间,直到我发现 AI 改写能够将文章改得更符合相应表达习惯。AI 续写功能对于改写文章非常有用,我强烈推荐。我没有任何私人动机,它真的很好用。当我写文章时,会用 AI 改写整篇文章,这样能使其更通顺。对于我来说,AI 续写功能适用于一些不需要太多创造力和创新性的宣传语料,比如产品介绍文。它可以根据已有的内容自动生成接下来的内容。我真的觉得这个功能非常惊人甚至可怕,有时候它给我推荐的下一句话,就是我内心想到的内容。

David:

对于律师行业,我多年的经验告诉我,最困扰律师的工作是起草初稿,特别是当缺乏模板时,需要从零开始撰写文件初稿,这是最痛苦的。基于你刚才说的,如果 AI 的创作可以简单地给我们提供即使只有一半可用的初稿,也会非常有帮助。使用 AI 创作基本的框架和初稿,然后再进行进一步修改,我认为这可能是一个方向。

Nana:

关于初稿,我们公司现在有一个免费的量子速写功能,我推荐大家都试试。量子速写的一个功能是你输入标题,它就会生成一篇文章。有一次要写法学方面的文章,我输入"请求权基础",它写得非常好。实际上,法学方面的语料可能相对较少,但让它写"鸡汤文"或者产品的推广文,它写得非常好。它对请求权基础的写作真的很出色,让我感到惊讶,如果你想"水"一些文章,它确实能写出一个底稿,你可以在这个底稿上进行修改和润色。

回到刚才提到的 AI 绘画领域,我知道现在很多画家都使用由 AI 生成的图片作为底图,然后在上面绘制人物形象。AI 生成的作品通常具有极其丰富的细节，色彩鲜明夸张，能够创造出画家想要的氛围。但是，如果你想要绘制这种氛围和丰富的细节，用手来画的话会非常费时费力。

David：

对于很多游戏公司来说，在模型渲染方面，这项技术已经非常普遍了。

Nana：

确实，这已经开始在特定行业中有大规模的商业应用。

像 AI 写作，我觉得它的目标用户是新媒体和广告领域从业者。对于一些格式化的文案，比如写邮件和邀请信，都可以一键生成，非常方便。所以我真的觉得现在它已经不仅仅是娱乐了，我相信它的商业价值将逐步展现出来。

David：

我觉得其中有两个方面原因，一方面是技术模型和算法本身的迭代和发展，另一方面是有一些优秀的产品经理将这些方案具体落地。

人工智能学习创作的基础模型在五六年前就已经被讨论，或许现在的模型已经存在了一段时间，但直到最近才开始被大众提及，可能是因为一些 AI 产品已经达到了一定的水平，大众这才意识到它已经可以达到这个程度。

我觉得我们人类在判断 AI 发展速度时，一直是以人类固有的经验作为依据。作为一个人或者一个大公司，我们学习某个领域的知识可能需要很长时间。实际上，我们完全不能用人类已有的学习经验来判断 AI 的学习速度。AI 使用的数据量是非常庞大且人类无法处理的。而且它的学习速度呈指数型增长，它不需要睡觉，不需要休息，可以连续学习。我觉得人类不能用我们已有的思维框架来衡量 AI 的学习速度。

Nana：

我也有同样的感受，很多时候大家总是认为 AI 应该先替代一些重复简单的工作，但现在我认为很多时候 AI 恰恰是在为一些非常高端的工作提供支持。

David：

比如预测蛋白质结构之类的？

Nana：

无比正确。比如围棋和绘画，现在棋手们也通过 AI 学习，以更像 AI 的方式下棋。像 AI 绘画，你要让人类生成一幅作品，即使人类最后的作品更具艺术性和美感，但花费的时间可能是 AI 的成千上百倍，所以 AI 技术已经根本性地改变了这个行业。

08

第八讲

给“超高净值人士”做私人财富管理是一种怎样的体验？

管欣（Amber） 徐浩哲（David）

2023 年 4 月 13 日

1. 何为超高净值人士？

David：

我们常常看到短视频之类的自媒体上用到一个词叫高净值人士。这两年一些“博眼球”的视频 up 主或是其他的内容创作者经常使用“高净值人士”的标签。到底高净值人士是一个什么样的概念？是不是有一个相对明确或宽泛的标准？

Amber：

为什么现在很多自媒体会出现这种大量的关于高净值、超高净值、财富管理、家族办公室的概念？是因为中国过去近 30 年的财富积累。从改革开放到 2001 年我们加入世贸组织，在过去几十年的积累当中，财富量级已经达到了一个非常高的程度，我们国家现在是世界上第二大经济体。国内一些民营企业家创造的财富到了一个需要去传承迭代的时代,在这样的环境背景下,在这种财富迭代、财富传承的高需求下,自然会涌现一大批自媒体开始宣传这样的概念。

基于我自己从业的观察,以及行业中的一些共识,高净值人士在中国一般来说是指可投资资产在 1000 万元人民币以上的个人。其实我们在行业当中更多接触到的是超高净值客户。即使是家族信托,目前的最低门槛都已经达到 1000 万元人民币,所以如果是一个高净值客户想要去设立一个家族信托,其实已经比较困难了。在我们的客户群里面,更多的是超高净值客户,他们的可投资资产在 5000 万元人民币以上。

一些机构可能会有稍微低一点的门槛,比如一些保险公司会认定拥有 3000 万元人民币可投资资产的人就属于超高净值客户,属于他们的目标群。但在我们的视角来看,总体而言,5000 万元人民币以上的门槛是必不可少的,否则很多财富管理相关的订制计划和后续产品就没有办法跟上需求。

2."可投资资产"是什么样的概念?

***David*:**

刚刚提到的可投资资产是否更接近流动资金的概念?因为如果真要算资产的话,在北上广地区如果有一套房可能就达到标准了。

Amber:

对,你的理解非常敏锐。论自住性房产的话,北上广地区随便一套豪宅也不止 1000 万元,所以可投资资产的概念包括个人的金融资产以及非个人自住性的投资性房产,其中金融资产包括现金、存款、股票、债券、基金、保险、理财产品等。按此计算,根据招商银行和贝恩公司在 2021 年出具的中国私人财富报告,2020 年中国可投资资产总规模已经达到 241 万亿元人民币,可投资资产在 1000 万元人民币以上的中国高净值人士数量已经达到了 262 万人。

David:

我脑海中类比的概念更像是去银行贷款需要提供的流水,流水要撑得起你的偿付能力,银行才会给你提供贷款,这么理解合适吗?

Amber:

银行流水和可投资资产不是完全相同的概念。因为银行流水反映的是一个人银行账户的交易习惯,不过确实能够侧面反映出客户的经济实力,我们可以从他的交易习惯大概看出他的收入情况、支出情况、整体经济实力。如果客户名下有其他公司,也可以从公司的流水看出公司整体的收支负债情况,在一定程度上也能够侧面反映出客户的经济实力。但是，银行流水和可投资资产不是一个概念，像一些实体行业，可能大老板个人名下的流水或者公司名下的流水能够达到上亿元，但他并不一定拿出能够拿出来上亿元的可投资资产，所以我们在实践当中更多还是关心这个人名下的现金、上市公司股票、基金债券这些具有较高流动性的金融资产。

3. 何为家族办公室与家族信托？

David：

除了高净值人士外，这两年常常听大家讨论的家族办公室和家族信托又是什么样的概念？

Amber：

很多人对于这些概念都很陌生，因为中国财富管理行业总体上正好处于一个非常快速的上升趋势，这意味着此前咱们对于财富管理的法律相关规定没有很清晰的概念。所谓的家族办公室、家族信托这些财富管理相关的工具，都是“舶来品”，是从英国、新加坡和一些离岸群岛国家的相关经验中借鉴过来的。财富管理这一块，总体而言还是英联邦法系下的这些国家更先进，他们是最先发展出这一块业务的。在国外其实已经有比较成熟的律所专门做这一块的业务，有一些离岸国家的律所，是做得相当成功的。

对于我们中国的很多客户以及律师而言，家族办公室刚开始是一个比较陌生的词语，我觉得有一个比较形象的比喻就是，很多大型的民企里面会有一个类似总裁办公室之类的决策机构。决策机构里有自己亲密的伴侣、信任的朋友或是一些专业服务人员，提供关于公司日常运营的一些建议。家族办公室其实就跟这个决策机构很类似，区别在于很多民营企业内部的管理机构可能主要由家人给出运营上的建议，企业负责人自己的家庭需求会从公司的流动资金里面抽取资金去满足，可能会存在家企不分的情况。

真正的家族办公室还会包括一些非常专业的中介服务机构，比如律师、会计师、银行家，以及与咨询相关的从业人员，他们会一起为你的整个家族做财富规划，给出他们各自领域的专业建议，这样的家族办公室里面也会有很多专业的投资人员，他们负责帮你把这个家族的财富进行投资，帮你去规划怎样传承你家族的财富。你可以想象成一个家族拥有一个自己的私人企业，这个私人企业仅仅为这个家族的财富服务，而不是为这个企业的发展服务。

David：

家族办公室以家族内部自己的人为主，肯定也会引入一些顾问来参与，是否可以理解成顾问就是给家族打工的一些专业人员？

Amber：

我觉得你的理解一部分是正确的，但其实也要看家族办公室是什么样的类型。目前我们谈到家族办公室，基本上是指单一的家族办公室，是由某一个家族来单独设立的。比如马云自己就有一个家族办公室，他的家族办公室就是围绕马云家族的财富来进行规划和管理的。正如它的名字所言，它是只服务于一个家族的机构。在这种架构里面，家族办公室主要是由家族成员来进行管理和控制。此外，也会聘请专业的团队来综合负责家族的投资事务以及管理事务，以及为他提供定制化的财富管理和财富解决的方案。

但是市面上还有另外一种家族办公室叫作联合家族办公室，是由多位超高净值人士或多个家族共同设立的家族办公室的管理机构，它可以是第三方独立机构，同时为多个家族办公室提供服务。在这种情况下，并不是某一个或某几个家族的成员占多数，而是专业的人员占大多数，因为他们不仅服务于一个家族，提供的服务也不仅局限于某一类别，而是提供非常综合的服务，会出现很多的资源或者人际关系、人脉网络的链接，所以对于联合家族办公室成员的综合素质要求就会更高。如果你仅仅是一个家族的成员，是没有办法提供针对自己家族和其他家族方方面面需求的方案的。

此外，还有功能型家族办公室，也称作虚拟家族办公室。这种家族办公室不是以实体的形式设立的,不是一个公司,也不是一个实体的机构,而是类似传统金融机构,或是传统服务机构所提供的综合性服务。提供服务的主体如银行的信托机构、保险公司等,甚至一些律师事务所也在尝试提供这种专业性的服务,但其实这种家族办公室并没有一个独立的实体,所提供的服务也是依托于其背后的金融机构。

4.信托作为法律工具,在财富管理中发挥着怎样的作用?

David:

信托是不是这些超高值净值人士、家族办公室常常采用的法律工具?大家可能在学生时代接触过信托法或者信托的概念,我大概了解它是源于英国的一种既古老又超前的财富管理手段。从你的角度而言,你是怎么理解信托以及信托和私人财富管理之间的关系的?

Amber:

信托确实源于英国,但一开始并不是一种专门的财富管理手段,而是在当时为了解决战争背景下十字军东征后他们的家产没有人管理的问题,把自己的资产托付给自己所信任的人进行管理。到现在,它已经逐渐发展为超高净值人士、超高净值家族标配的财富管理工具。为什么现在它基本上是一个标配?因为它的应用范围非常广泛，功能也非常全面。

信托很重要的功能是进行财富的储存和保护。信托是一种非常独特的法律架构，在你把自己的资产交到信托机构以后，你是需要从法律上把资产的所有权也转移到信托机构的，也就是说，这笔钱从法律意义上来说，跟你就没有太大的关系了。你的家人或者你自己可以作为受益人从中领取一些固定的收益，或者在一定条件下分配收益，但实际上信托机构、信托财产、受益人这三方都是非常独立的。

基于这种独立存在的特性，信托还具备一项重要的功能——风险隔离。比如我自己在做生意的时候，或者我们公司在运营的时候，这笔钱已经提前纳入信托架构，那么即使我后来有一些债务风险，是不太会波及已经纳入信托的财产的。

因此，信托受到很多超高净值人士的青睐，在财富达到非常高的量级以后，他们思考的维度已经不是赚钱了，更多的是如何使财富保持缓慢的增长或不增长的状态，但是能维持财富的正常流通，保证他们的家族、后代、世世代代都能够从这笔财富里面受益。家族信托就是基于这样的一个需求，以及它自身非常独特的法律特征，受到了超高净值人士的青睐。

***David*：**

信托伴随着所有权的转移，在把资金的所有权转移给处理资金的信托机构后，万一客户有需求想把这笔交付出去的资产给拿回来,法律上有没有手段或者路径?

Amber:

为什么信托能够起到风险隔离或是债务隔离的作用,很关键的一点在于你不再拥有这笔钱的所有权了,所以债权人也没有办法追到你这里。法律上的规定一般是,如果你设立信托时存在某些违法目的,那么法院可以依照债权人的申请对你的信托进行撤销。比如当你在设立信托的时候,已经有一笔债务,并且你设立信托的目的就是躲避债务,那么法院就可以针对债权人的申请撤销信托。

在很多情况下,委托人设立信托最重要的原因其实就是不想结束信托,他们并不想拿回这笔钱,就想把这笔钱放在一个安全的地方,保证它运转。最重要的一点是把这笔钱放到信托以后,他们的家人也好,后代也好,自己也好,是可以从中获得一定的收益的。比如我有一个1000万元的家族信托,我可以规定每一年分配50万元的资金,其中受益人包括我的太太、我的子女以及我的孙子或者我未出生的后代。在这种情况下,委托人其实是没有动机想要撤销或者提前结束、终止信托的。

提前终止信托在一些情况下确实是可以的。比如,信托合同中约定在遇到什么样的情况下,委托人或者是信托里面的保护人或监察人可以决定终止信托。再如,信托是有时效的,像一些家族信托也就设立了50年的期限,当信托期限届满,也可以直接结束信托。当然也可以选择其他的处理方式，比如重新设立一个新的信托，把资金转过去，或者全部进行直接分配，也是可以的。但我目前接触到的客户想要撤销信托的情形是很少的。

David：

刚刚我进入了一个误区，依然是以一个旁观者律师的视角去看待这样一个法律关系，自然而然就从合同法上的订立合同涉及解除、撤销问题去想，但其实我并没有代入超高净值人士的立场，以他们的视角去想“我为什么要设立信托”？

Amber：

对，当你代入这种视角去考虑，就能更加理解信托这个工具的意义，以及设立信托的初衷。我觉得你的理解也不算错，因为我们在信托合同里面确实也会设计和审查相应的撤销条款，以及信托结束以后财产怎么分配的条款。但我们设立这些条款的目的并不是撤销或终止信托，而是当某种情况发生的时候，我们怎么样去应对，所以更多是相当于事后应对的方案。比如，当信托被撤销时，我剩下的钱到底要分配给谁，我接下来到底要做什么样的打算？我究竟是要重新设立一个信托，还是全部分配给我的下一代？所以这些条款的存在其实是为解决这样的问题而服务的。从实践角度而言，委托人设立家族信托的目的就是希望这笔钱一直在信托里面流转，并不想要去撤销它。

5. 律师在私人财富管理中扮演怎样的角色？开展哪些工作？

David：

刚刚您围绕高净值人士、超高净值人士的私人财富管理做了一个非常全面且通俗易懂的介绍。那么，律师在私人财富管理项目中一般都会做哪些工作？在总体规划、风险把控、“一揽子”协议以及家族关系的处理上，律师大概都做些什么？

Amber：

我可以用一个非常形象的比喻来说明律师在财富规划、管理中的角色。我们更像是陪伴客户的“私人管家”，基本上是客户有什么需求我们就提供什么样的服务，当然是在合法合理的前提下。

很多客户的需求是五花八门的。当人的财富到达一定量级时，你想追求、实现的一些需求和价值是更有想象力的。因此，我们提供的很多服务是定制化服务。在这种定制化的服务之外，超高净值客户对于财富的保存、传承都有非常普遍的需求。对于这些需求，市面上有一些比较成熟的产品，像我刚才说到的家族信托、保险。保险里面也有很多财富规划的工具，这里就不展开了，这些都是很成熟的工具。

在整体的财富规划中，涉及很多客户私人的税务以及所投资企业的税务合规,我们也会提供很多税法上的合规建议,甚至总体架构的设计。在整个投资的过程当中,我们其实会帮客户对整体的法律合规进行把控。举个例子来说,当客户处于 IPO 前期,自身财富在后期会有很大的提升。我们需要在他取得这笔财富之前,帮他做一个整体的规划,究竟是设立一个家族信托,做一个员工激励计划,还是做一些其他的税务规划,我们都会根据他个人的情况进行定制化的打造。

David:

基于你刚刚说的,我觉得私人财富管理的规划越早越好,所以律师在规划方案设计阶段往往就会介入,特别是当财富到达一定量级后,所要承担的税额是比较庞大的,方案的选择会对他造成较大的影响。在规划方案上,可能也要考虑现在国际范围内比较复杂的地缘政治和经济文化的影响,您在项目当中有遇到过吗?

Amber:

这是肯定的,而且非常普遍。如我刚才举的例子,实际控制人所持有的企业想要进行上市的时候,我们就会考虑具体的细节。如果说设立一个家族信托,什么时候设立?设立究竟是选用哪里的法律?到底是英属维尔京群岛(BVI)还是开曼?英国还是美国?这些我们都要进行综合的考虑。设立的时间点,究竟是在 A 轮还是 B 轮还是在首次公开募股之前(Pre-IPO)设立？设立的对象包括哪些人？退出的通道是怎样的？这些我们都要提前规划好。

在收益层面，你究竟是要作为一个家族信托的受益人去取得这笔财富，还是作为一个员工通过员工激励来取得这笔财富，抑或通过公司投资的形式来取得（如境外投资再返回中国）？所以，我们建议客户越早规划越好。如果没有这种财富规划的概念，他们在企业上市或者取得巨额财富以后，会面临一些税务、法律上的风险。这个时候再引入律师进行规划，我们也能做很多，但是没有在取得这笔财富之前提前规划能做的多。

当我们在进行财富规划的时候，确实会综合运用不同国家法律的规定，还有不同国家对于财富的“欢迎”程度。比如你刚才提到的地缘政治，我们也会考虑。就像现在中美博弈的情况下，我们究竟是否要考虑在美国设立信托？是否建议客户取得美国或其他国家的公民身份？这些都是我们需要综合考虑的，是非常复杂和综合性的架构。

6. 私人财富管理中的婚姻家事与争议解决

David：

私人财富管理对律师的商事思维要求非常高。除了商事思维以外，会涉及争议解决吗？如果家族内部关系比较复杂的话，律师是否也会牵扯进家族成员之间的争议解决，比如婚姻家事方面，您遇到过吗？

Amber：

这非常典型。特别是在境外，私人财富管理和争议解决是密不可分的。很多律师一开始都是从做争议解决、婚姻家事律师入手，再转型做私人财富律师的，在中国目前也有这样的一个趋势。私人财富管理和争议解决这二者其实没有办法完全分开，因为当你的财富达到一定量级，都不用说达到很高的量级，普通人在日常生活中也会遇到各种各样的矛盾摩擦。比如你去买一个理财产品，理财经理告诉你“不好意思，你这笔钱我全给亏掉了”，你肯定非常不高兴，就会想要以法律手段补偿你的损失。我们的客户也一样，他们的需求是多种多样的，也就意味着他们的矛盾也到处都有，有可能是家族内部成员之间利益分配不均导致矛盾，比如我们经常在港媒看到的天价离婚官司、豪门内部争议等，这种八卦是挺多的。

客户把自己的钱交给专业投资机构打理的过程中，出现了与机构间的纠纷，那也是需要争议解决律师及时提供相应的服务和支持的。比如客户在进行境外身份规划的过程中，跟移民机构或主管移民的政府机构产生争议的时候，也需要具有相关移民经验的律师来给他出谋划策，帮他去争取他的利益。

所以你会看到在财富规划的不同方面和不同阶段，每个角度都是需要争议解决律师的,但律师可能并不具备所有方面的知识,在特定领域也没有办法提供很专精的服务,所以需要一个很强大的律师团队,针对不同需求提供不同服务。如果客户需要一些很专业的意见,我们也会寻求其他律所内专业团队的支持,或者获取外部律师的协助来补足客户的需求。

7. 私人财富管理律师与哪些机构打交道?需要哪些领域的知识技能?

David:

在任何项目中,律师团队一定会跟不同的相关方合作。比如,在跨境财富规划中,当地律师的意见、移民律师的意见会很重要。除了律师群体之外,在税务筹划时,也会引入一些会计机构、税务中介机构或者其他的咨询公司,你们在项目过程中打交道多吗?

Amber:

这是肯定的。就像我刚才说的,如果客户有身份规划的需求,我们会请移民律师,但我们打交道更多的机构其实是信托机构、私人银行、企业的战略投资部门,还有财务会计机构。同时,家族内部的管家或是家族内部的咨询方之类的角色,以及家族内部很值得信赖的人,我们也会打很多交道。所以这些打交道的主体和中介机构还是蛮多元化的。

David:

如果以私人财富管理律师为职业目标的话,哪些方面的法律基础知识比较重要?我感觉税法、信托法、公司法应该是比较核心的。结合你的执业经验,哪些领域的知识和技能是加分项?

Amber:

你说得很对,税法、信托法是私人财富管理的两大支柱。除此之外,有一些投资并购背景也是比较好的,这类人如果转型做私人财富管理我觉得有一定的可行性。如果是曾经在我刚才提到的企业的战略投资部门工作,或者是在银行的私人银行部门(private banking)有工作经验的话,我觉得也是比较大的加分项。

总之,我觉得最重要的是长期跟人以及钱打交道的这些业务领域。因为在私人财富管理这一块,除了专业知识以外,还需要跟人打交道的素质。因为你面对的客户既然能积累这样一个可观的财富量级,在某些方面一定有非常高的要求,也有自己非常独到的经验,所以你怎样跟客户打交道、怎样去服务好客户、怎样满足他的需求,我觉得是更重要的。长期跟人以及钱打交道,这两方面资历结合起来是我们最喜欢看到的。

David：

结合你的个人经历，包括你频繁地跟境内外律所律师有过的深入交流，是什么样的契机让你或者说你所在的群体接触到私人财富管理领域的？这些年的工作给你带来一种怎样的感受？

Amber：

我高中就去英国留学，在那边读了高中、大学本科、研究生，接触到非常多的英联邦文化，在法律方面也学习了很多跟私人财富相关的课程，比如信托法、衡平法、地产法（英国的有钱人也会有很多房产置业需求），以及一些婚姻家事、继承方面的法律和税法。我现在的工作方方面面都会用到这些知识，私人财富管理跟我的背景非常契合，我会越做越顺手，比起投资并购或者争议解决，私人财富管理对我来说是很自然的一个选择。

我在做业务的时候，会感觉我自己曾经的海外留学经历、在国外工作的经历、在各个国家生活所带来的一些独立思考、适应的能力和跟人打交道的能力，也在我目前的执业当中有体现，做这份工作我是非常快乐的，所以很希望能够在这个业务领域长期发展。至于到底是发展 5 年、10 年还是多久，还要看未来的一些变化。因为我觉得私人财富这一块，可以衍生出非常多的业务和需求，还是有很多东西可以去思考的。

David：

等到自己变成超高净值人士了，想象力也会进一步变丰富。

Amber：

那到时我就不用再找个律师来管理了，我自己就能全包了，哈哈。

8. 私人财富管理会是一片快速增长的新兴“蓝海”吗？

David：

私人财富管理在国内应该还是比较新兴的“蓝海”的状态，正如你刚刚提到的，很多做私人财富管理的都是做婚姻家事的律师，他们的跨境能力、全球视野和人际关系处理能力都还处于一个发展中的状态。但是，中国很多人的财富量级伴随着经济发展而飞速提升，出现了一大批超高净值人士。虽然比例不高，但是中国人口基数导致这部分人的数量非常可观。

你觉得私人财富管理在这两年是否会有一个急剧的上升或扩张的态势，还是说依然会长期保持“小而精”？

Amber：

就像我刚才提到的，私人财富管理业务在中国已经出现了一个非常明显的上升趋势，并且在未来会加速上升，甚至出现爆发的状态。不光是从我们的业务量,从我们接触到的客户的这种强烈的需求感也能看出来这种趋势。很多中介机构也都在不停地开发这块业务。拿家族办公室来举例,我们合作的保险行业的“大鳄”已经在加速筹划自己的家族办公室业务。从速度来看,在2021年以前全国或许只有几十个家族办公室,但是在2022年和2023年前半年,家族办公室的数量直接翻了好几倍,这种需求量是非常夸张的,很难在其他业务领域看到这样飞速的增长。

我前段时间到香港特别行政区参加活动,算是一个关于私人银行的闭门研讨会,邀请了很多行业的专家和律师,还有很多超高净值客户参加,你会看到这个市场是非常活跃的,它在我国香港特区以及新加坡等地处于已经非常成熟并且日益走向更成熟的阶段。对于我们现在而言,是在一个加速上坡的阶段,所以我觉得未来应该是非常可期的。

9. 如何看待近期新加坡家族办公室的爆火?是否可持续?

David:

相比我国香港特区,这两年新加坡似乎变成了一个私人财富管理非常热门的领域,不少超高净值人士也都在规划移民去那里,或者在那里成立家族办公室。从你的视角,如何看待新加坡私人财富管理领域这两年的爆火？

Amber：

新加坡的家族办公室最近两年确实非常火。在境外最开始提出来家族办公室这个概念的其实是阿联酋，我一开始知道这个知识点的时候也比较惊讶。阿联酋在2008年就已经推出了家族办公室，但是基于当地政府的政策和当地人意识不够的问题，它的发展其实是非常缓慢的。

新加坡的家族办公室最早出现在2014年，相较我国香港特区或者是美国而言，新加坡的体量是比较小的，它的经济活动也没有那么多。除此以外，它资本市场的活跃度也不那么高，我们看到在新加坡上市的公司是很少的。新加坡资本市场一天的资本活动量与我国香港特区相比完全不是一个量级。因为香港特区更注重资本市场这一块的业务，所以新加坡在考虑到自己跟香港特区或者其他国际金融大都市的区别以后，就开始去构思通过什么样的方式能把更多的财富引入这个国家。

新加坡首先开发出了家族办公室这一块的业务，从2014年到2017年成立的家族办公室的数量可能也就不到100个，但是到2019年以后翻了一倍，数量上差不多到200个。这个数量也仅仅是新加坡金融管理局能够统计到的数量，对于一些不需要进行监管的，其实是没有统计的。到2020年，这个数字基本上又翻了一倍，到400个左右，可以看到是在加速上升的。到2021

年大约有 700 个,到 2022 年就已经超过 1000 个了。

家族办公室的数量之所以有非常快速的增长,是因为新加坡金融管理局对于这种单一家族办公室推出了非常多的税务优惠,并对这些家族办公室的金融从业人员推出了执照豁免的政策。这两大块优惠使很多人非常愿意到新加坡去设立家族办公室,而我国香港特区的家族办公室其实从 2020 年才开始有最初的起步,到现在为止也还没有推出一个非常正式的家族办公室计划(香港特区现在关于税务优惠的法律法规还处于讨论的阶段,并没有实施),所以新加坡在这个领域有非常得天独厚的条件。

基于中美博弈的大环境,很多人会考虑资金到底继续留在香港和内地,还是放在其他国家和地区?如果放在其他国家和地区,到底又放在哪个地方更为安全?此刻新加坡的地缘优势就体现出来了,它既有国际化的视野、国际化的金融管理和法律市场,又处于一个相对中立的立场,所以财富会大量集中到新加坡。新加坡政府也非常聪明地抓住了这种财富转移的趋势,加速推出了很多有关家族办公室的计划,还有一些政策的补贴,吸引了很多人到新加坡设立家族办公室。

但其实在 2022 年之后也出现了新的转折。过去这种家族办公室的投资门槛可能稍微偏低,新加坡政府在收到大量的申请以后,决定开始一步步收紧这个政策(因为钱对他们来说已经够多了),对他们而言现在需要吸引更优质的客户,所以他们现在开始挑选客户了,这就有一个非常大的门槛的变化,反映了新加坡当局政府对于家族办公室的态度,从非常开放、支持逐渐转变为“我欢迎你来,但是我更欢迎一些优质人员来”。

09

第九讲

破产律师的那些“破人破事儿”

张贝贝（Alan）　徐浩哲（David）

2022年7月24日

1. 概念厘清：庭外重组、庭外和解、预重整、破产重组、破产清算

David：

跟破产一起出现的常常有两个词，一个是重整，一个是清算，这两者有什么区别？

Alan：

与破产相关的概念其实有这几个，分别是：庭外重组、预重整、破产重整、破产清算、破产和解。

先来说一下庭外重组。市场上近几年的华夏幸福、恒大地产的项目，都属于庭外重组。相当于在法庭之外，由债权人和债务人自主协商进行重组，本质上是一种意思自治行为。破产重整、破产清算、破产和解都是法庭之内的行为，由司法和公权力介入对这种债务人企业进行救助，是一种纾困。

处在中间状态的是预重整的概念，近两年才兴起，是从国外引进的一种程序，介于司法程序和庭外重组之间，可进可退；往

前进就进入司法程序，往后退就退到债权人、债务人自主协商的状态。

David：

那司法程序之下的破产重整、破产清算、破产和解有何区别？

Alan：

破产重整一般是针对企业的救助，目的是拯救企业，用比较艺术一点的词汇叫作“向死而生”。破产清算的目的不是救助企业，而是要让这个企业结束债权债务，让它退出市场经济，是在企业死亡之前的一种清理行为。

破产和解在市场上比较少见，是一个债务人企业面对数量众多的债权人所进行的和解，而且不需要所有债权人都同意，只需遵循破产程序的多数表决，通过这个时间去换取空间，来使企业得到喘息和恢复的机会。

David：

那破产和解后是走向重整还是清算呢？

Alan：

实务中，破产和解和破产重整是两种并行的救助企业的方式，不同之处在于破产重整要引入外部的战略投资人，相当于引入增量的资源把企业救活；而破产和解不引入增量资源，仅仅通过债务的延期、暂缓，通过拉长时间来换取企业生存的空间，这就是重整与和解的区别。

David：

破产和解相当于原本你需要花 5 年还清债务的，给你延长到 10 年还清，双方找一个折中点，皆大欢喜；破产重整就像输血一样，注入新的资金来偿还以前的债务，以及支持企业未来的发展。

2. 破产重整、破产清算会经历哪些流程？

David：

从一个律师的全局视角来看，先以破产重整为例，大致是一个怎样的流程？破产重整和破产清算又有哪些流程是重合的？

Alan：

在破产程序的前半阶段，无论是破产重整还是破产清算都是一样的，在后半阶段会出现一定程度的分化。

第一步，提出申请和法院受理，作为司法程序，必须要有人去启动。

第二步，法院受理之后，就需要指定一家管理人，可以是律师事务所、会计师事务所，也可以是破产清算公司（实践中以律师事务所为主)，来主导破产程序。

第三步，进入债权申报和审查阶段，明确这个企业对外到底有多少负债，要求债权人都来做登记和申报。申报之后，管理人就依法审查债权。

第四步，开债权人大会，通过债权人大会对这些债权做审查，管理人对企业的资产状况作一些说明。

David：

在这之后，就会出现刚才我们说的破产重整和破产清算的区别？

Alan：

是的，如果是重整，因为它要引入外部投资人，下一个环节就是公开或者定向招募战略投资者。招募完成之后，由管理人和战略投资者进行谈判，做一个重整的方案，再提交债权人会议表决。

这个方案是很综合的，包括企业债权债务怎么清偿，公司的股权架构怎么调整等。除了债务的处理，很重要的就是让企业恢复盈利能力。盈利能力主要看业务，哪些是优质业务要保留下来，哪些是低效无效的业务，可以借助这个机会做一些剥离，甩掉包袱。

方案一旦表决通过，执行完毕，企业就相当于完成了新老划段，之前的事情都在这个方案中理清楚了；之后这个企业就从司法程序中恢复到正常的市场状态,再变成一个正常的企业去经营,这就是破产重整。

David:

第一次债权人会议之后,破产清算的流程是怎样的?

Alan:

开完第一次债权人会议之后,要对企业资产制定一个处置和变卖的方案,接下来实施方案,把这些资产变现之后再向债权人分配。分配完之后,债权债务都已经清理完,企业就要进行税务、工商、社保的注销,让这个企业从市场中消失。

David:

这些资产如何转卖?会卖给哪些人?

Alan:

因为破产清算的目的是让这个企业从市场当中出清,怎么卖得快,怎么卖价值高,就怎么卖。实践中一般会通过像阿里拍卖或者协议转让这样的方式去处理。

与重整中引进战略投资者不同的是,清算中资产的处置是可以拆分的,哪个好卖就先卖哪个,而重整中一般是整体性地在股权层面上引入新的股东,提供一些新增的偿债资源,一般不会做拆分处置,因为拆分会对后续经营造成破坏。比如清华紫光的重整,涉及芯片集成电路,不可能把这个业务给拆掉,而是整体性地引入战略投资者。

David:

我觉得破产重整和破产清算这两种情况下买家的心态也会有很大不同。

Alan:

是的,如果是重整,知道你这个企业还是要继续经营,估值都是以一个持续经营的考量来进行,会比较高。但是如果进入清算状态,估值会降低,买方的心态也会变成一个“抄底”的心态,你一次拍卖我可以不接,就等着你二拍,反正最终目的就是把这个东西卖出去。

3. 破产程序会有哪些类型的当事人参与?

David:

可以感受到破产业务的程序还是很复杂的。在如此复杂的程序中,都有哪些类型的当事人参与?

Alan:

当事人主要有三方,第一就是破产企业,也叫债务人;第二就是债权人,数量可能很多,多数情况下以金融机构为主;第三就是刚才说到的战略投资者,重整中去收购资产或者股权的投资者。

破产程序由管理人主导，管理人的指定在实践中有两种模式，一种模式就是直接指定律师事务所来担任（比较常见）；另一种模式是，对于大型、超大型企业的重整，因为涉及地方的维稳、金融风险的控制，会由当地政府（一般是国资委或者是金融服务办公室）成立政府清算组，清算组再吸收律师事务所担任管理人。

公开市场上的海航项目、方正项目、紫光项目都是由政府清算组担任管理人。而方正当时的清算组是教育部和人民银行，因为它是校企，由上级主管部门成立清算组，然后吸收律师事务所担任管理人。

David：

除了律师事务所之外，还有哪些中介机构会参与？

Alan：

刚刚说到的管理人就是律师事务所，管理人也会根据工作需要聘请会计师担任审计机构；还会根据需要聘请财务顾问。当然这需要根据破产企业的类型来处理，如果破产企业是一个上市公司，管理人可能还会聘请财务顾问，管理人这一端通常就由律师、会计师、财务顾问（投行或券商）组成。

在战略投资者（买方）这一端，也是需要律师的。不一定需要审计机构，但是至少需要评估机构，或者是兼具审计评估功能的综合类的事务所。管理人和战略投资人这两方是参与重整程序的两个主体,基本上都会包含律师、会计师和券商。

在债权人这一端,如果是单个债权人,一般根据需要聘请律师就够了,因为他只是去主张权利,以及针对破产程序中的一些特殊问题进行关注,比如就未来重整方案怎么清偿债权去寻求一些法律上的意见。债权人基于成本、现实因素的考虑,一般会直接索要管理人评估机构的评估报告或审计报告,通常没有必要自己再单独花成本聘请会计师。

David:

当债权人数量很多的时候,每个债权人去单线沟通可能效率比较低,是不是债权人层面会委托一个机构或是派一个代表去和破产管理人沟通,有这样的角色吗?

Alan:

对于金融机构来说是有的,因为金融机构可以组建债委会,当然我说的金融机构债委会不是破产程序里面专有的,只是一旦企业出现这种债务风险、债务危机的时候,在当地金融监管部门的组织之下就会成立一个金融债委会。金融债委会的主要功能是防止个别金融债权人去执行、查封,影响整个债务重组工作,所以会有一个金融债委会来统一协调。

非金融机构债权人往往没有债委会这么一个组织,因为非金融机构债权人的数量可能很多,也很分散,而且各债权人的诉求是不同的,很难统一协调。

4. 法院在破产程序中扮演的角色

David:

法院在整个破产程序中扮演的是公权力的角色,我觉得在关键节点或者说整个流程中起到一锤定音的作用。结合你的项目实务经验,你有跟法院直接打过交道吗?在破产管理人和法院之间,会有一些怎样的沟通或者互动?

Alan:

跟法院打交道,主要集中在两个环节。一个是申请法院受理企业破产或者重整的环节。一旦法院受理,这个企业便获得了破产的保护,债权人不能再执行这个企业的财产,债务不能再计算利息,一些查封、扣押、冻结措施也要解除,因为这些行为都被破产集中处理债权债务的程序所覆盖,单独的行动都是要停止的。所以怎么让法院受理,是整个破产程序启动的关键。

一般的民事案件,你只要交了诉讼材料,法院就会登记立案,但破产案件是实质审查,不仅要查你的材料是不是完备,还要判断你是不是符合破产法中规定的条件,看你是否真的资不抵债,以及看看企业是不是真的具备重整的可能。只有判断下来这些条件都符合的时候,法院才会受理这个案件。

David:

这很关键,如果法院迟迟不受理,破产项目就一直没有办法正式启动。如果重整不成功,这个案件就成了法官没有办好的案件,是否会对他有很大影响?

Alan:

实践中,破产法官对于特别小的破产案件没有压力;对于特别大的案件也没有压力,因为这类破产案件往往会由相关政府机构牵头主导,会有更高层面的考虑。有压力的是中型的或者大中型的企业破产的案件,这种企业能获取的政府支持力度不够,但是本身又有很多职工,很多债权人,企业也有需求,法院需要自己判断要不要接这个案子,接这个案子之后会不会不好办理,会不会走到清算的局面,这是我们在跟法院沟通当中一个比较关键的事项。

David:

会有很多项目无法重整成功而走向清算吗?企业自身类型的不同是不是也会影响重整或清算的结局?

Alan:

实践当中重整不成走向清算的是有,还有相当数量的案件根本进入不了重整程序。我们刚刚所说的是一般的企业,如果是上市公司,还会有更加特殊的程序。因为上市公司涉及众多的股东、中小股民，以及证券监管的问题，所以从破产法实施到现在的十几年时间，上市公司重整的案件不到 100 家，每年也就四五家。这是因为上市公司想要进入重整程序，除了要打通法院这一关之外，还要经过证监会的审批，必须有证监会的许可，最高人民法院也同意，上市公司才有可能进入这一程序。所以对于上市公司而言，破产重整是比较少见的。

跟证监会打交道也是一个很漫长的过程，证监会的考虑跟法院不同，它要从监管的角度，从维护中小股东权益的角度来判断，你的重整是否能够提高上市公司的质量。不能够为了逃债，出一个不靠谱的重整方案。目前为止，没有一家上市公司的重整是失败的，可以说上市公司的重整"必须成功"，因为工作都做在前面了。所有审核、审查、方案论证都是合理可行的，而且非常严格。

David：

刚刚提到申请法院受理这个环节，除此之外，法院另一个很关键的环节在哪里？

Alan：

之前提到的破产管理人主导的整个程序，是需要法院去监督的，等到重整方案达成之后，法院要做一个司法的审批，法院批准这个重整方案之后，方案才具有法律上的效力，重整才能进入执行阶段。所以重整方案的制订、方案的内容，管理人都要向法院报告,要取得法院的认可,法院要做合法性的审查,也要做可行性的审查。

David:

个人对法院厘清各种债权债务关系、判断权利义务和争议解决方面没有什么疑问,但除了合法性以外,还有一个可行性的论证,法院会如何考虑经济利益方面或者未来发展规划方面的审查,是否会参考各方意见?

Alan:

这确实是一个商业上的判断,可能法院、破产管理人律师都很难作出一个准确的判断,这种时候一般会依靠企业原有的经营管理层、外部的战略投资者去和法院沟通。至少你的经营方案不能虚,不能只是条条框框大原则性的,你必须有实际的经营计划,比如原来的业务怎么处理?未来朝着什么样的方向去经营?在一些案件当中,法院不仅要考虑企业经营事项,还涉及债权人(比如有些债权人会做债转股而成为股东),股东对于公司未来的经营肯定很关注,那么法院怎么判断你的债转股是“实打实”的,而不是给债权人“画饼”?近几年随着债权人诉求变多,法院也会要求或者建议投资人作一些业绩承诺。这样的安排一方面可以保障债权人的权益,另一方面也是督促你这个战略投资者,或者你原有的经营管理层,要切实地把企业重整好。

David:

那战略投资人的背景其实很关键了。

Alan:

对于战略投资者的选择,破产管理人和法院一般倾向于产业投资者。如果仅仅是财务投资者,管理人和法院对于企业未来的经营可能会产生疑虑,所以他们一般比较希望出现能够切实带来产业,带来业务的那一类投资者。

5. 破产程序的项目周期是多久?

Alan:

各地法院,像北京、上海的很多法院都成立了专门的破产法庭,其他地方也有一些破产法庭陆续成立,也就是法院专门组建审判庭去审理破产案件。目前破产案件的数量是很多的,一些资产负债不复杂,体量也不大的案件,可能从申请提交开始起 1 个月法院就受理了。

但是对于重大、复杂的,涉及职工人数较多的案件,按照我的经验,法院的审查期限一般在 3 个月以上,从法院受理开始到提交重整计划,法律上有明确的 6 个月期限,有特殊原因可以延长 3 个月,也就是说重整程序最长 9 个月期限,9 个月内你必须拿出切实可行的重整方案交给全体债权人去表决,交给法院去审查和批准。

从法院批准到重整计划的实际执行,这个时间没有硬性的限制,管理人和企业一般会在重整计划中写6个月、1年或者2年,企业当然希望执行期越短越好,因为执行期越短,它就可以越快地从司法上的待定状态恢复到正常经营状态,它的信用、银行评级都可以很快恢复。

6. 破产律师面临哪些压力？破产管理人的报酬如何？

David:

是不是可以这么理解,复杂案件用时1年以上是常态,时间越长,就会有越多压力落到管理人、法院身上?

Alan:

对,如果一个案子久拖不决,债权人意见、矛盾就会持续增加。如果经历了比较长的时间还拿不出一份很好的方案来,就会矛盾重重。管理人会面临来自包括债权人、职工、上下游供应商各方的压力。

所以我觉得破产律师需要具备一定的综合能力,而不仅是法律专业上的能力。破产业务不完全是法律事项,有很多非法律的事务,比如跟债权人打交道,跟法院打交道,跟原股东、企业的经营管理层打交道,需要一定的综合协调和平衡能力。

David:

这也是我刚入行的时候,合伙人跟我提到的。其实律师处理纯法律工作的时间占比不会超过工作总时间的50%,大量的组织协调、沟通、谈判都是非常考验整个人的综合能力的,不管是智商、情商还是临场应变和抗压能力。

Alan:

管理人的工作在破产程序中可以说是体量最大、最复杂的一项,但相应地,管理人的报酬也很高,因为管理人的报酬是直接与企业的资产规模挂钩的。我们有一个很简便的计算方法,如果一个企业的资产(没有设定抵押、质押的无担保的财产)金额是5亿元的话,那么管理人报酬应该在900万元左右(非常高),因为5亿元并不算特别高的资产金额。在5亿元的基础之上,资产价值每增加1亿元,管理人报酬增加50万元,所以我们可以看到市场上这种大型企业的管理人报酬在千万元级别,甚至好几千万元、上亿元的都有。

7. 破产项目是否真的采用人海战术?

David:

常常听说某知名公司破产之后,中介包下一栋酒店去做破产事务，会给人感觉破产项目很多时候采用人海战术，比如会有律所围绕破产项目定点找很多实习生参与其中。

Alan：

人海战术这种现象也有它的合理性，因为刚才我们说到管理人的一项重要工作就是审查债权，一个企业有上千甚至上万名债权人，那么债权的审查就是一个非常耗费人力的工作。因为管理人项目是要驻场的，所以会有包下酒店或是租当地房子办事的现象。

据我了解，知名的律所之所以可以批量招实习生去处理这些债权审查之类的事务性工作，是因为他们内部已经形成了非常完善的流水线作业，而且有很完备的模板或参考性文件，比如跟海量的债权人去签格式合同，就是流水线作业中的一个环节。

8. 聊聊当前市场情况下的破产业务现状

David：

跟 2018 年、2019 年比，现在破产业务的量和质都有了不小的提升。是不是可以简单粗暴地理解是经济压力导致破产业务的繁荣？还是有一些其他的原因？

Alan：

我觉得企业破产或者经营压力变大，导致的后果并不是破产的业务繁荣很多。中小企业倒闭清算的很多，但是破产重整的业务未必会更好，因为破产重整的目的是救助这个企业，救助这个企业必须依靠市场上其他投资人的力量，如果经济形势不好，投资人就会很谨慎。2022 年的投资就要比前两年谨慎得多。

破产业务还是服务于市场经济，只不过它服务于市场经济的退出环节，或者说是重组、自救、重生的环节。

10

第十讲

这些年中美博弈中出现了哪些“法律武器”？

虞丰桢（Yu 律师） 徐浩哲（David）

2023 年 6 月 25 日

1. 回过头看，2018 年美国突然启动的关税调查有何背景？

David：

让我们回到 2018 年，当时美国实施了一系列激进的关税征收措施，实际上拉开了中美博弈的序幕，牵动了中美两国的经济关系发生变化。此外，近两年国内贸易合规领域逐渐升温，律师在其中扮演的角色也值得深入探讨。您当时如何看待那个时期的情况呢？

Yu 律师：

当时美国实施的关税政策是引人瞩目的焦点。在国际贸易法领域，大家常常会提到所谓的“301 调查”。这是美国政府针对其他国家政府的某些贸易行为所启动的政策性调查，旨在评估贸易是否存在不公平，对美国企业有影响的情况，或者是否存在限制贸易的措施。

David：

这可以说是以贸易保护为导向的调查措施。

Yu 律师：

事实确实如此，美国从国家利益的角度出发，审视其他国家的政策是否损害了美国的权益。因此，当时的关税措施可以追溯到 2017 年 8 月，特朗普政府宣布对中国启动“301 调查”。这个调查持续了 5～6 个月，最终于 2018 年 3 月发布了调查报告。

该报告指出，中国在多个领域对美国商业经营实施了不合理的歧视性限制措施，特别是在技术转让和知识产权方面。美国认为中国鼓励美国企业投资，实际上通过这种投资行为强制转让技术和知识产权。基于这个结论，美国进一步采取了措施，即对从中国进口到美国的产品征收关税，这可以视为“301 调查”结果出来后采取的措施。

同时，中国政府也对美国的“301 调查”做出了回应，不认同美国的调查结果，并采取了一系列反制措施，其中包括对美国产品加征关税。从时间线来看，双方各采取了一系列行动，相互施加关税，可以看出中美在关税领域进行了一番较量。

David：

加征关税是我们耳熟能详的做法，属于国际经济领域常见的贸易博弈。然而，随着“301 调查”的展开，我们逐渐看到了各种各样的措施和法律手段，这其中最为典型的就是美国的出口管制和相关清单。

Yu 律师：

你的理解非常准确，因为“301 调查”并不是新事物。就像我刚才提到的，从 1991 年开始，美国已经多次对中国启动“301 调查”，这是他们常用的手段。从 2018 年到现在，我们看到的各种后续措施可以总结为国际贸易法中的“非关税壁垒问题”。当然，后续发展也受到多方面原因的影响。

特朗普时代的贸易政策由罗伯特·莱特希泽（Robert Lighthizer）负责，他是美国贸易政策的代表，也是负责制定整个贸易政策的高级官员之一。他持强硬立场，反对自由贸易。在担任贸易代表之前，他曾是一家名为 Skadden 的律师事务所的国际贸易合伙人，有 30 多年的国际贸易领域工作经历，在美国钢铁行业积累了丰富的双反（反倾销和反补贴）经验，大部分案件都涉及中国企业，因此对中美贸易关系有深刻的了解。他的任命标志着美国贸易政策的一个重要转变。

David：

在传统经济学的观点中，自由贸易能够更好地调动各国的比较优势和资源。

Yu 律师：

正是如此，这就是比较优势的概念。除了减少关税壁垒外，WTO 还希望降低非关税壁垒，这包括限制技术转让和制定各种环境标准等非关税手段，以促进自由贸易。然而，特朗普政府的贸易政策转变了这一风向，罗伯特·莱特希泽的任命进一步加强了这种倾向。特朗普政府主张美国优先，希望实现制造业回流；而罗伯特·莱特希泽的反自由贸易立场以及保守派倾向，与特朗普政府的政策相契合。这也影响了后续中美博弈的走向，使其从关税领域逐渐发展到科技、芯片等领域。

David：

事实也证明，对中国企业来讲，加征关税可能并不是最痛苦的。这也再次印证了你刚刚提到的那位特朗普任命的官员非常精通这方面的法律问题，有精确判断。

2. 何为出口管制？如何理解美国政府发布的各式各样的清单？对中国企业/实体有何影响？如何救济与应对？

David：

关税非常好理解，就是你的产品到我们国家来要卖的价格更高了，利润更少了，自然而然就会变成一个阻力，但出口管制感觉是在讲美国的东西出口到中国企业会面临一些阻碍，如何理解这对于我们的影响？

Yu律师：

出口管制和关税最大的区别在于，关税是通过海关的进出口环节去加征；而出口管制不是通过海关，而是通过一个国家的政府部门，比如商务部或者其他部门，对它的出口行为进行一定的限制。美国商务部下面有一个部门叫产业安全局（BIS），这个部门会针对某些对于美国来讲非常重要的技术软件或者产品列一个清单，对于列在清单上的所有产品，根据出口到不同的目的国以及不同的目的实体来施加一定的限制。主要表现形式就是你要申请许可证才能出口；如果没有许可证，就不可以出口。

通过这样的方式，无论是基于外交利益还是国家安全政策的考虑，美国对他们认为非常重要的产品做一个管控，就是美国出口管制制度的核心，也就是以美国最关心的“物项”为核心。

David:

“物项”这个词,这两年也出现得非常频繁。美国认为几纳米的芯片制成技术或者基于这种技术所生产出来的元器件,关系到一些他们觉得重要的理由,比如“安全”,所以不允许向名单上的企业提供这样的产品或者技术。

Yu 律师:

是的,“物项”是个翻译过来的词。在美国的出口管制法(Export Administration Regulations)下面有一个概念叫 items,就是物项。美国法下的物项包括三大类:软件、技术和 Commodity,其中 Commodity 一般翻译成物品,这三类合在一起叫物项。这个概念听上去其实挺抽象的,不能把它简单翻译成产品、商品,是因为它不仅包括实物,也包括技术软件,这也是美国出口管制法的特点,范围非常广。

David:

可以看到这种很抽象的定义被制造出来后,往往就伴随着一个非常大的解释空间。

Yu 律师:

是这样的。不仅是管控的物项范围很广,管控的行为范围也非常广。我们通常理解出口管制法就是管出口环节,但其实他们对出口这个概念也有很大的解释空间,他们的出口不仅包括实质性的，比如美国到中国的出口，它还包括再出口（re-export），就是美国出口到中国之后，中国再出口到俄罗斯等其他国家的环节，也属于他们出口管制法下的出口。

David：

这就有点“长臂管辖”的感觉了。

Yu 律师：

对，过会儿可以再重点讲讲“长臂管辖”。除此以外，他们的出口还包括一个概念叫视同出口（deem-export），就是哪怕在美国本国范围之内，一个美国人跟一个在美国的中国人分享了一项受美国管控清单管控的重要技术，或是软件等物项，这也算是一个出口行为，也要受到美国出口管制法的管控。所以他们出口的范围是很广的，从中也可以看到美国的立法技术很复杂。

David：

对中国企业来讲，面对出口管制清单和一系列相关方案，对我们最直观的影响是不是某些高科技产品？要用到这些美国生产的软件或技术的产品，现在就没法生产了。

Yu 律师：

如果这些公司不幸被加入了实体清单，那么在没有美国商务部的许可的情况下，确实不能够直接从美国的供应商那里采购受管控的物项。大家也从新闻里看到，比如芯片行业，为什么我们要鼓励国内的公司自己去做研发,因为我们不希望我们的供应链,尤其是采购端非常依赖美国技术、软件或者实物,这种依赖确实对我们有潜在的隐患。

David:

大学里学了芯片设计的同学反映,当时计算机领域最热门的还是编程软件类,但集成电路和芯片设计这两年迅速火热起来,包括招生规模、他们导师的项目和科研投入都呈指数级的增长。

Yu 律师:

国家层面也好,整个产业导向也好,确实是要从源头开始。刚刚讲的美国出口管制法,就是从源头就开始管控你的技术、产品,所以无论芯片设计的哪一个环节,我们都希望能不完全依赖美国,至少将来能具备可替代性。

David:

我之前遇到过的项目涉及芯片设计常用的 EDA 软件,他们现在只能用 2022 年的版本了,2023 年最新的版本就没法给他们推了。

Yu 律师:

被列入实体清单的做芯片设计的公司,拿不到美国的设计软件很难做芯片设计,因为现在市场上大部分的专业软件是美国的，所以这是个非常现实的问题。

David：

在 To B 端[①]尤其如此。技术上我们强调要靠自主研发来缓解这方面的劣势，在法律手段上我们是否有一些可以尝试的努力，比如你刚刚说的许可证，如果申请到就可以出口或者购入这些技术、产品吗？还是说许可证只是形同虚设，实际上美国政府不会给你许可证？有没有一些成功申请到许可证的先例？

Yu 律师：

我这里正好先介绍一下美国出口管制法下的各类管控清单，不同的管控清单下企业的受限程度是不一样的。

比如我们比较熟悉的实体清单，是管控清单的一种，里面列了很多中国企业，每季度都会有一些企业被放上去。实体清单可能是这几类清单里最火的一类。一旦被放上去，企业的受限就是：如果没有许可证，你就不能拿到这些受控物项。许可证是可以申请的，据我所知，大部分是美国企业自己去申请，因为他们想跟中国企业做生意。即使我们国家某个大的科技公司被放到实体清单，由于美国的供应商们还是想继续跟他做生意，供应商们都会尝试向美国的商务部申请许可证，美国商务部审核后，如果认为这些技术或者产品对他们所谓的国家安全没那么大威

---

① To Business 的简称，指面向企业提供商品或服务的业务模式。

胁，同时考虑美国企业也要赚钱，就会发许可证让他们继续做生意。

所以列入实体清单并不意味着对企业宣判“死刑”，只是上清单之后，美国在直接采购层面的供应链受了一些影响，你可以通过申请许可证的方式去缓解，也可以通过不依赖美国供应链去缓解，你可以去采购其他国家的产品。所以虽然现在已经有这么多中国企业在实体清单上，并不意味着对他们有非常大的影响。

我再介绍一下出口管制“黑名单制度”下的两类清单，其中一类是“未经核实清单”（Unverified List，UVL），可以把它理解成比实体清单威力低一级的清单。用大白话讲就是：美国政府如果认为企业拿了他们的受控物项，觉得有风险，觉得企业可能拿这些物项去干违反美国出口管制政策的事，但是又没抓到实锤，就会把你放到未经核实清单上去，放上去的后果没有实体清单那么严重，而且企业比较容易申请移除，比如企业发一个信函去解释，说你们之前对我有误解，我们拿着你的产品没有违规使用，我们是什么样的一个使用方式。这样解释完之后，很多企业都直接被移除出未经核实清单。

“黑名单制度”下另一类清单的后果比实体清单更加严重，叫作“被拒绝交易清单”（Denied Persons List，DSL），被放到这个清单上之后就没有任何许可空间，任何跟美国公司的交易都不可以，基本上就相当于宣判你被剥夺了跟任何美国企业做生意的可能性，美国企业也不可能再去申请某个许可证继续跟你做生意了，这个清单其实是在出口管制法下最严格的。

如果大家关注新闻，会知道我们中国有一家公司在 2018 年跟美国当时的商务部 BIS 谈了一个 10 亿美元的和解协议，就是因为这个公司之前的一些行为被列到了 DSL 上，对他们来讲是非常严重的后果，所以他们才要去跟美国谈和解，缴纳非常高额的罚金来取得继续做生意的机会。纵观这些年的出口管制案例，其实很少有去和美国政府谈和解的，所以 DSL 的威慑力一定大到了严重影响公司日常经营的地步。

David：

从法律人的视角来看会有一些疑问，被列入管制清单究竟是政府一个"朝令夕改"类的行政行为，还是政府故意先在早期颁布一些相关的要求和规定要你遵守，你不遵守后正好有个理由把你列到这些清单上去？这两者背后还是有一些区别的，抛开技术和其他政治因素，它是不是一个在法律上可规避的事情？

Yu 律师：

很多时候我们的客户也是从美国发的公告里发现自己上了实体清单，美国政府没有任何形式的提前告知，而且很多时候他们关于这些企业的信息来源其实也不是那么透明的。企业被加入实体清单的原因也是各种各样的，有可能是非常明确地违反了美国出口管制的要求，比如违规向某些特定国家出口了美国的受管制物项；但是有些行为至少在我们看来，问题还是出在，这些行为只从美国自己的利益来看才是有问题的，从中国公司自己的角度来看，并没有什么问题。关于避免上清单，没有任何提前的程序去告知你应该怎么做。

David：

都说美国是一个“法治国家”，如果企业在跟美国商务部打交道过程当中，商务部就是不批许可证，企业觉得商务部没有道理，从法律手段上它可以“硬刚”到什么程度，是去法院起诉吗？是否有一些案例？

Yu 律师：

美国政府有明确的实体清单的移除制度，你可以去向美国商务部申请要求移除，也可以提供各类证据，证明你没有相关的行为，申请移除是有明确的行政程序的。如果行政程序走不通，你也可以走司法途径，类似中国的行政诉讼，对美国商务部的这个行为是否“任意”（arbitrary），是否基于正当程序（due process），都是可以去尝试提起诉讼的。我知道目前至少有一家中国公司通过这样的路径成功从实体清单上移除了。

就像我前面讲的，因为这个清单本身没有到可以判你“死刑”的地步，很多中国公司可能不愿意花成本去跟美国商务部做这样的一个沟通，或者去寻求后续的法律救济，这是一个非常现实的考虑。

另外一个考虑是，很多中国公司在这方面没有经验，有时候公司觉得用其他的方式，比如改变供应链经营模式的方式也能减少实体清单带来的负面影响，索性也就不寻求法律救济了。但是从法律层面来讲，他们是有这个程序可走的。

3. 何为经济制裁？一级制裁和二级制裁有何区别？常被大家诟病的“长臂管辖”背后是什么逻辑？

Yu 律师：

经济制裁和出口管制总是放在一起讲，但是在法律体系里面，经济制裁和出口管制是两个完全不同的领域，也是由两个不同的美国行政机构在负责的。美国每个政府机构有自己的职责，也有相应的法律武器，他们的关注点不一样。就像我前面讲到的，出口管制是以物项为核心的管控；而经济制裁，其实是以美国金融体系为重要的出发点的管控，经济制裁的重点在于管控经济，比如，被列入制裁清单之后，你不能再使用美元进行交易，或者说你不能再接触美国所有的金融系统。

David：

我理解这种制裁是以美元货币为基础的。

Yu 律师：

对，是这样的。以美元货币为基础，以美国金融体系为系统，这是美国的经济制裁最大的特点，也是它能产生实质性作用的最大特点。

我们前面其实也提到过“长臂管辖”，你可以看到在出口管制法下，“长臂管辖”除了管自己本国，还能管再出口到其他国家，原因就在于它管控目的出发点是“美国产品”，他觉得只要是我的产品，无论流通到世界上哪个国家，我都要管你。

在经济制裁下，它的“长臂管辖”在于美元货币。哪怕做生意的两个企业中间没有一个是美国企业，也不在美国做生意，但是你使用了美元，美国就要管你。

David：

比如把你的账户冻结，或者其他的一些金融手段。

Yu 律师：

是的，现在全球的金融体系其实还是蛮依赖美国的，货币结算用美元，有大量的金融机构其实都在美国有代理行、分行，所以如果把它从美元的金融系统切除掉，对于现阶段很多国家的金融体系来讲，都是一个很大的冲击，这也是它的经济制裁会有很大威力的原因。

David：

大家很多时候指责美国不光要管美元交易，二级制裁可能还涉及更广泛的范围，这个怎么理解？

Yu 律师：

美国经济制裁确实分成一级制裁和二级制裁，一级制裁就像你讲的，一般涉及所谓的“美国连接点”的一些交易或者行为，比如我用了美国产品。

二级制裁是被很多国家所诟病的，包括欧盟也一直认为美国的二级制裁是违反国际法的，因为没有任何的美国连接点，美国通过所谓二级制裁的制度，为什么要管到欧盟国家跟其他国家之间的交易呢？欧盟出台了一个阻断办法，我们中国后来也出台了自己的阻断办法，本质上就是为了阻断二级制裁。

二级制裁简单来讲就是交易当中没有任何的美国因素，没有任何美国连接点，比如你只是跟一个被美国制裁的实体进行了交易，或者你对被禁止的交易提供了实质性的帮助，美国政府认为你也可能需要被制裁，进而有可能把你加到美国的制裁清单当中。他们设二级制裁本质上是为了进一步扩大他们制裁的威力，尽可能让其他国家遵守他们的制裁，哪怕没有美国连接点。

其实，美国自己不论是在 OFAC 网站公开发布的内容，还是他们自己的各种制裁条例，从来没有过二级制裁（Secondary

Sanction）这样的概念，因为他们自己也知道这个东西在法理层面来讲是很容易被诟病的。所以一个制裁项目出来，你经常会看到无论是美国律师事务所，还是中国律师事务所，都在分析这个制裁到底有没有二级制裁的效力。大家对到底有没有二级制裁会有一些争议，就是因为美国政府从来不会在他们的条例里写清楚这个项目到底有没有二级制裁，他们只可能在他们的OFAC 网站的问答里面对某些案例有一些解释，但很少会在真实的法规里面把二级制裁写得那么清楚。

David：

那这就是企业全球合规中的一个“灰色地带”了。

Yu 律师：

这确实是一个难点。企业在考虑跟和贸易伙伴交易时到底会不会碰到制裁的雷区，触发美国的二级制裁，首先需要对法规有很深刻的理解。其次需要对美国过往的案例和执法行为（enforcement action），还有一些执法行为的路径，有一个深刻的理解。最后你要对美国政府立法的原意有了解，或者说你了解一些政府立法的背景。当然从合规角度来讲，合规律师们永远都是比较谨慎的，会觉得你最好什么都别做。

4. 面对中美博弈，全球企业面临的困境与“寒蝉效应”

Yu 律师：

很多制裁出来之后，大家纷纷提到“寒蝉效应”。很多企业都很害怕。在合规领域我们还有个词叫“过度合规”（over compliance），很多时候其实美国或者法规本身也没有禁止，但因为我很害怕会产生一些其他的问题，就干脆什么都不做了，但实际上也有企业去做，毕竟每个企业的风险偏好不一样，合规的程度也不一样，不是那么简单的非黑即白，再加上二级制裁又写得不是那么清楚，企业在合规的过程当中难度就会更大。

所以合规很多时候不是法律，不是科学，而是一个综合分析判断的艺术。

David：

我觉得把各种文字经验，还有一些政治情况和当下的判断杂糅起来是很难的，并不是代码化地输入 A 就得出 B 的结果，而且每个企业的背景和情况都不一样，每一种情况都要去个案判断，对律师和合规专业人士提出了更高的要求。

5. 中国采取了哪些反制措施？如何解读近年来发布的一系列法律法规？

David：

刚刚提到，欧盟、我国都在尝试回应或者说阻止美国这种相对霸权的制裁制度，比如出台阻断办法。我国这两年也出台了《反外国制裁法》《不可靠实体清单规定》等反制措施。这些反制措施多少还是会有一些效果的，从你的视角来看，法律上和现实中是怎样的逻辑？

以《阻断外国法律与措施不当域外适用办法》（以下简称《阻断办法》）为例，我是不是可以认为，就美国要制裁、管控的经济行为，这些法律法规在给企业去做这些美国不允许的经济行为提供一个合理化的事由，来把美国的制裁至少在本国的管辖领域内给阻断掉。

Yu 律师：

是的，中国是一定会采取反制措施的。就像你提到的，这些法律法规确实从 2020 年开始一直到现在陆陆续续地发布出来了，效果肯定是有的。

从微观层面来讲，跨国公司都比较紧张，只要出了一个新的法规，他们马上就要来问律师，新法规会不会对他们在中国的业务产生影响，他们应该怎么办，怎么去应对。跨国企业首先要直面这些问题。

如果说这样的法律实质上让很多跨国公司面临很多困难，这也间接让美国自己在政策层面考虑一些事情。美国有一个允许游说（lobby）的导向，所以这样的法律肯定有效果，而且我们本来就有必要去做这样一些反制的回应。从技术角度来讲，目前的实践程度如何，我觉得确实还是有待继续观察，至少从我自己的观察来看，我们对反制措施的使用还是非常克制的。

总体而言，我国的一系列法律法规并不是要把所有遵守了美国制裁法的公司都拉到所谓的阻断办法的限制情况里面。我们还是希望有更多的跨国公司来中国做生意。现在我们所面临的两难境地可能会越来越严重，但是这并不意味着一定要做“二选一”，我觉得还是有一些空间可以去尝试的。

***David*：**

在实务中我觉得会有一些相对灵活的处理方式。

***Yu* 律师：**

对，而且就《阻断办法》本身而言，想要产生实质性效果，需要商务部发一个具体的禁令，这个禁令发布之后，企业才有依据去遵守禁令。

到目前为止，商务部尚未发布这个禁令，所以目前企业还是有一些可以去观望的空间，但法律制度确实是已经出来了，它的目的就是对外国歧视性制裁行为进行阻断。比如一个国家颁布了制裁性法律法规，阻止中国企业跟某个第三国之间的交易，我们就认为这对中国企业来讲是个歧视性的制裁，可以去跟商务部申请发一个禁令，把制裁的措施放到禁令里，这样就不允许大家去遵守这个制裁措施了，是这样的一个立法逻辑。

David：

目前在公开渠道还没有发布过禁令，实际的情况暂时不得而知，至少我在工作中是没有接触过的。

Yu 律师：

对，我们从公开渠道确实没有看到这个禁令。但在其他从公开渠道发布的反制措施里，外交部、商务部已经制裁了一些欧盟和美国的官员及公司。总体来讲，我们的反制还是比较克制的。

David：

除了《阻断办法》外，《反外国制裁法》是不是也是类似的逻辑？

Yu 律师：

《反外国制裁法》和《阻断办法》总体逻辑是一致的，区别在于《反外国制裁法》是人大通过的一部法律，《阻断办法》只是商务部的一个部门规章。《反外国制裁法》作为一部法律，效力级别更高。

《反外国制裁法》的范围比《阻断办法》更广，所以它有更多的解释空间，将来会为我们提供更多的反制法律武器打下有利的法律基础。基于现在所处的这个环境，我们有法可依，正在推进。所以我觉得这部法律有很大的意义。

David：

我在大学期间跟着导师参与过一些立法课题，当时我没觉得意义那么大，但现在看来，如果真的需要在很短的时间内出台技术性这么高的法律法规的话，前期积累课题或者相关调研还是很有必要的。

Yu 律师：

是的，因为从比较法的角度来讲，其他国家的这些制度都是可以借鉴的，毕竟欧盟也有自己的东西。当然最终肯定需要结合我们国家自己的情况。

David：

是不是还有一个《不可靠实体清单规定》，我印象中出台得比较早，当年在并购圈引起了非常火热的讨论。

Yu 律师：

《不可靠实体清单规定》是 2020 年 9 月出台的，这是最早的一份清单。据我个人观察，它很类似美国就出口管制和经济制裁的黑名单制度，它主要是以清单来管控。刚刚我们说到的《阻断办法》，本质上是阻断一个行为，而《不可靠实体清单规定》是以清单管控为主的手段，把一些认为危害了我们中国的国家主权安全，损害了中国企业合法利益的行为都列进去，增加了我们反制的法律武器。

6. 作为贸易合规律师的一些感想

David：

刚刚聊了很多，信息量也很大，包括美国不同的出口管制下各式各样的清单、制裁的不同逻辑，中国及欧盟应对这些情况所做出的一些尝试，我觉得相当于对我们过去5年的一个总结。

Yu 律师：

对我来讲，对过去5年的回顾，一方面跟我的工作密切相关，另一方面确实也跟整个世界的局势，还有中美两国之间的关系密切相关。从微观层面你也能看到有些企业因为美国今天发了一个新的规定，明天又发了一个新的清单，他们受到了影响。无论是中国公司的国际化过程，还是外国公司在中国经营的过程，接下来都会面临很多的挑战。

在准备来这期节目的时候，我也回顾了一下我过去几年的相关邮件。我发现在2018年的时候，我们正在处理加征关税的事情,跟美国的一个律师事务所合作,我当时跟他讲我们最近特别忙,他们跟我讲他们也特别忙,他们觉得特朗普是想"Make Trader Attorney Great Again"。由于很多原因,贸易合规这个领域在过去几年突然变得非常火热。

除了传统领域的WTO双反律师之外,我们今天谈到的这些出口管制贸易合规领域的律师需求量也是越来越大了,过去几年有的律所甚至都没有任何这方面的律师,而现在由于市场的需求、企业客户的需求,必须配备相关的专业人员。观望未来,我觉得这方面的需求、市场应该一直有存在的空间,特别是由于美国的出口管制、经济制裁,已经都非常明确地摆在台面上来跟中国公司进行讨价还价了。

所有的企业都面临比之前更高的注意义务和对法律更深刻的理解的要求,做生意也好,单纯打交道也好,都要开始储备这方面的知识。其实跨国公司的贸易合规部门一直都有做这方面工作的相关人员,但中国公司这方面力量在以前更薄弱一点,尤其是国际化程度没那么高的中国公司,需要更加关注这些知识。

附录一
律师实务工作需掌握的方法论和工作技巧

徐浩哲（David）

2022年7月3日

每个团队多少都有一些自己内部的工作方法或工作习惯。今天分享的内容主要结合了我们自己团队这些年来常用的一些工作方法和技巧,大家在实际工作中还是需要结合自己团队的情况。此外,今天的分享会以工作方法论为线索,穿插一些例子,希望能够帮助大家在日常工作过程当中改善与团队的配合,以及与客户的配合。

工作的六大场景

- Client Work（客户工作） ⟶ 尽职调查、备忘录撰写、合同修订与翻译……
- Client Relationship（客户关系） ⟶ 投标文件、潜在客户事务、市场开拓……
- Knowledge Management（知识管理） ⟶ 案例研究、知识库更新维护、法条梳理……
- Practice Management（行政管理） ⟶ 立案结案、挂证事宜、账单时间……
- Team Building（团队建设） ⟶ 团队例会、活动筹备、年中/年终总结……
- Personal Matter（个人事务） ⟶ 学校课程、导师课题、运动社交……

第一块也是最重要的一块场景是 Client Work(客户工作),占我们日常工作量的50%以上。具体而言,对于非诉团队比较多的是尽职调查,备忘录撰写,合同的审阅、修订、翻译工作。对于中、低年级的诉讼律师或者实习生,会有一些辅助出庭、整理卷宗、整理证据目录等的工作。

第二块场景是 Client Relationship(客户关系),是一些客户关系的维护和开拓工作。到律所工作的大部分同学肯定都做过投标文件。投标文件的制作,需要你对客户的背景,还有一些自己团队的业绩、提供的专业服务有非常清晰的了解。此外,也会有一些开拓其他潜在客户和市场的活动,比如培训讲座或分享交流会等。

第三块场景是 Knowledge Management(知识管理),比如基础的案例研究和法条研究。在我国法律法规更新频率非常之高、涉及面也非常之广的情形下,知识管理的工作就更加重要,每个团队都会自己打造数据库,并且定期更新维护。

第四块场景是 Practice Management(行政管理),常常被大家忽视,但它也非常重要,包括立案结案、律师证挂证、账单出具等。大家千万不要觉得出账单只是秘书层面的工作,不同账单的表述的准确性和适配程度也很需要关注,客户常常会质疑相关工作内容,需要从律师层面进行沟通。

第五块场景是 Team Building(团队建设),比如定期的团队例会、团队团建、年终总结等。团队会做定期回顾来判断团队的情况,以及律师个人规划上所面临的情况,进行总结和沟通。

第六块场景是 Personal Matter(个人事务),比如很多来实习的都是高年级学生甚至应届毕业生,那么导师那边的课题和毕业论文等一系列事情也是相当重要的。平衡学校事务和律所工作,做好沟通,是同样重要的环节。

Getting in Sync(保持同步):最为重要的方法与能力

第一部分是 Getting in Sync 的方法论,是我们团队认为的律师工作最为重要的方法和能力。Getting in Sync 源自桥水基金的创始人 Ray Dalio 写的一本名为 *Principles* 的书①。

为什么需要 Getting in Sync?

何为保持同步?律师职场和其他职场一样,免不了信息的传递。一个工作,客户那边下达指示,跟合伙人沟通,合伙人传递给高年级律师,高年级律师再传递给中、低年级律师,中、低年级律师再委派给实习生做一些基础性的工作。信息的传递链条一定会有偏差和需要反复沟通的情况,能否在任务指派和交付的过程当中保持同步,是律师工作(包括团队协作)中最为重要的一点。

保持同步的能力也直接决定了团队成果的质量和效率。同步的质量越高,同步的效率越高,反馈给客户的工作成果的质量和效率也就越高。假设一种理想化的状态,所有人在工作质量和工作效率上都能跟团队合伙人保持一个水准(当然这是不可能的),团队的能力

① [美]瑞·达利欧:《原则》,刘波、綦相译,中信出版集团 2018 年版。

就会非常强，但我们必须承认每个律师都有成长进步的空间，所以不同任务和团队不同角色之间保持同步是非常关键的，这就需要团队成员之间的沟通。

为什么律师团队格外凸显保持同步的重要性呢？任何一个法律项目，一定是以团队为单位来执行的，大一点的项目如破产项目，可能要几十个人去做尽调的梳理和重整的工作；小的项目，比如一些法律关系比较简单、金额较小的诉讼案件，通常也需要两三个人来执行。两人及两人以上就会出现沟通场景。

在一个复杂的案子中，时时刻刻去理解案件的基本情况、跟进客户的需求以及案件的阶段性目标也是非常重要的。这里面有两个维度的同步：一个是团队内部的同步，另一个是跟客户的同步。团队内部的同步，包括不同级别律师和不同角色之间的信息传递及成果交付，跟客户的同步就是需要跟客户去同步项目的各种细节。如果项目做得不是很顺，半数以上的场景就是律师交付的成果不是客户想要的，律师辛辛苦苦做出来一个备忘录或者文件给客户，客户看过后发现这和自己想要的成果相去甚远，这种情况属于我们没有跟客户保持好同步，没有了解客户的真正需求。合伙人需要对项目的方向和成果有一个大方向的把握，但细化到每一个项目成员，同样也需要了解这个项目的基本背景和状态，使他所做的环节能够满足客户的需求和目标。

此外，任何情况都不可能是一成不变的，特别是在目前新法规和新案例层出不穷的情况下。任何项目的开展都一定会有非常多的突发情况,比如我们在出具一个备忘录的过程当中,一个新的法律法规生效了,这种应对突发情况保持同步的能力,同样也是考验律师团队和律师个人工作能力的重要维度。

如何做到 Getting in Sync?

以下是从保持同步的方法论中总结提取的可以适用于律师工作场景的要点:

- 保持同步的过程中一定需要团队成员清楚要做什么以及为什么这么做。人和人之间的想法和工作习惯千差万别,这很正常,但我们不仅要知道上级需要我们做出一个什么样的成果,还得了解它背后的逻辑和原因。比如一个高年级律师给中年级律师指导法律备忘录要怎么写,类似的事情发生时,如果我们没有弄清楚他为什么要这样设计备忘录的逻辑和措辞,那么到下一次,我们犯过的错误同样会再犯。这就相当于我们只是在形式上做到了保持同步,但并没有在背后的原因和逻辑上做到保持同步。

- 保持同步需要坚定自信和开放的心态。大家任何工作上的交集和沟通千万不能闭塞,闭门造车是非常忌讳的。团队成员之间的沟通或给出的建议,你一定要去吸收、接纳和讨论,因为要消除信息不对称和信息偏差。

- 保持同步是一种双向责任:我们不单单要向上级汇报,各位如果今后成为高年级律师或者合伙人,在向下沟通的时候也需要做到保持同步。在向自己的下级或者实习生指派工作的时候,需要让下级或者实习生知道我们为什么要去做调研,这个调研放到我们的备忘录或者尽调报告当中,是以什么样的形式去呈现,要解决客户什么样的担忧和问题。所以,向下沟通和向上沟通同样重要。

- 中、低年级律师常犯的错误就是怕沟通,但绝大多数的情况是哪怕"过度沟通"都胜于不沟通。你花大量的时间去进行沟通和保持同步,效果一定会比没有沟通来得好。很多人担心沟通浪费时间,但事实绝对不是这样。有些人还觉得沟通会打扰合伙人,担心会让合伙人厌烦,或者担心合伙人认为你能力不行(觉得你的问题太多)。虽然人或多或少都有情绪波动,但上级律师、合伙人、客户最终判断你工作质量高低的依据一定是你最后的成果。

- 当你不能完成你的工作时,要及时上报。很多低年级律师和实习生刚来的时候,很积极,态度非常好,当然非常值得表扬和鼓励;但导致的后果可能是 A、B、C 律师给你的活你都接过来,当真正做这些活的时候,你才发现所需要的时间跟精力远超自己的想象。或者你在完成一个任务的过程当中,突然学校导师打电话给你,需要你去做一件事,这种情况下如何去协调?首先要做的就是保持同步,向上级报告。错误的做法就是哪怕我熬几个通宵,把所有的活全部攒在手里,把它们完成。长期高强度的工作一定会影响任务的质量,而且非常容易出问题;你接了太多的活,导致 A、B、C 的三个活你都做不好。出现这种情况一定要向上级进行沟通汇报,让直接上级去判断或协调其他人做,或是跟客户沟通延长一下期限。此外,需要注意交接过程的流畅和高效。

如何在主持会议中贯彻 Getting in Sync?

我们通过一个主持会议的场景来了解一下保持同步方法论的应用。大家千万不要觉得项目会只是合伙人和客户两者之间的沟通。参与会议的过程中,每个人都是会议的一员,万一合伙人突然有事儿需要你去接管会议或者引导会议流程,你就需要去观察和了解如何在会议中保持同步。

- 会议开始,需要介绍一下参会人员的基本情况。如果你要主持这个会议,一定要对这个会议有一定的“控制”,要弄清楚这个会议是为谁服务,是内部会议还是有客户方参加。如果有客户方参加的话,一些问题就不适合在对外的会议上讲,要通过优先度来明确这个会议要讨论的内容。任何会议都是有时间要求的,在有限的时间里一定要把比较重要的问题先抛出来,重点沟通和解决。常见的误区就是大家在一些细枝末节、无关紧要的点上花掉大部分的时间讨论,把重要的点放到后面,就没有时间去讨论了。

- 一定要有自信和开放的心态。我们面对客户的一些质疑,要有一定的准备,这些质疑就事论事,是很常见的,所以不要因为你在主持或者发言的时候被打断而乱了心态。要自信,对客户的质疑合理地去进行沟通和解释。如果是人数特别多的会议,这类质疑对最后决策往往有负面的效果。如果一个会议有十几、二十个人参加,大概率这是一个汇报的会议,大家很难在会议上达成共识或是讨论出什么点。如果你真的需要对一些疑难问题进行处理,其实三五个有项目经验和理论能力的人聚在一块儿讨论可能是最为高效的方式。

• 做好笔记和纪要,这点不多阐述,有纸质的东西肯定是方便之后存档和追溯的。需要强调的是,一旦明确了进一步行动事项(action items),建议在会议开完后追一封邮件,或者在群里面追一段文字去总结这个会议上讨论得出的接下来的行动事项。不然会议开下来,没有明确接下来的任务和完成时限,会议开完后大家大概率都是没有办法准时交付的,所以一定要在会议后把会议结论和行动事项给明确下来。

Getting in Sync 需要在同一频道上进行沟通

在与客户和上级沟通的时候,要确保大家都在同一频道,不能想当然地觉得自己和对方一定都对这个背景信息很了解,从而避免一种 Unknown-Unknown(不知其不知)①的状态。

在跟客户的沟通中,同样的事物在不同的背景下其实是有不同含义的,最为关键的就是律师表达的过程。以 JD 这个英文缩写来举例,我们日常生活中对这个缩写的第一反应就是京东购物平台;但在一些项目中是指一家叫 Jones Day 的外所,所以在工作中就需要去澄清这个缩写背后的含义。再举个例子,我国《电子商务法》对"电商平台"的定义是从事电子商务活动的平台经营者,不仅包括淘宝、天

① Unknown-Unknown 是指人在进入陌生领域时,对于很多事情都并不知晓,进入一种"不知道自己不知道"的状态;需要一定时间的学习,才会知道自己有哪些不知道,从而进入 Known-Unknown(知其不知)的状态。

猫、京东，还包括微信等具有平台属性的社交平台软件的经营者；但在日常生活沟通的语境下，"电商平台"通常就是指淘宝、天猫、京东这种零售电商。如果客户让你梳理一下电商平台相关的法律法规和执法案例，你就需要跟客户明确是局限于电商购物类平台，还是广泛意义上的平台经营者。

BLRC：商事思维扮演的重要角色

第二部分的 BLRC 是指 Business Legal Relationship Chart，即商事法律思维图谱。商事思维在律师工作中扮演着重要角色；商事思维的重要性在非诉律师的工作中尤其明显，但对诉讼律师也同样重要。这是我们团队多年来总结的商事法律关系框架图，跟大家分享。

BLRC 框架

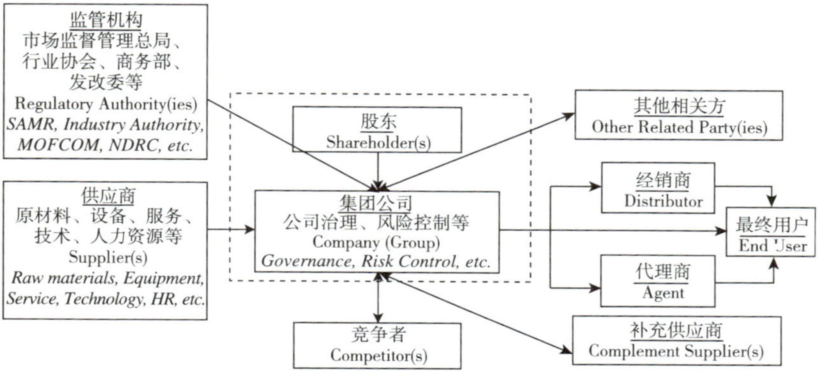

BLRC 框架中间的 Company（Group），指集团公司，它涉及一些内部的公司治理、风险控制，这是公司内部需要考虑的。公司上方会有股东，股东是通过离岸还是境内的方式来进行控股，会涉及相应的商事法律关系。

股东和公司作为一个整体，对外在商事活动当中会有非常多的交叉互动和商业场景。从 BLRC 框架左上方的 Regulatory Authorities 来看，不同的行业、企业，都会受到监管机构的监管，包括行业监管机构、市场监管总局、商务部、发改委等，那么监管机构和企业就构成了一个重要的网络。以汽车行业为例，它需要工信部和各种汽车行业协会的管理；如果它做一些市场活动，也需要市场监督管理总局的管理。

BLRC 框架左下方的位置是供应商（Suppliers），在市场经济下，不同环节的供应商对公司提供产品会产生非常多的商事关系和法律关系。还以汽车行业为例，整车厂商在整个供应链当中有非常大的话语权和很高的谈判地位。我刚做律师的时候犯过一个错误。我的客户是一家零部件供应厂商，零部件供应合同涉及“模具”的概念。当时我审阅这个合同后，觉得整车厂商相当强势，在合同中把供应商生产的模具所有权全部归为整车厂商所有。在当时的我看来这是一个极其不合理也不平等的条款，我就花了非常大的精力，结合民商法的各种条文和法理，从风险承担和所有权归属角度把它全改了。合伙人和高年级律师看过后，把我的修订全部拒绝了。为什么？因为在行业惯例中，汽车零部件模具的所有权归整车厂商所有，这是一个非常普遍的商业习惯，模具需严格按照整车厂商最后产品的图纸和参数制造。我们这边能给客户的建议只是加一些留置权的条款，比如当整车厂商拒绝付款的时候，我们可以行使模具的留置权来维护自身权益。

BLRC 框架中下方的 Competitor(s)是竞争者，是其他与客户具有竞争关系的市场主体。在下游这一块，我们一定要明确客户的整套商业逻辑的最终用户(End User)是谁。在最终用户和客户中间，还有分销商或代理商，是不同的模式。有些产品分销居多(如汽车经销商)，有些产品代理居多。在这些渠道中会有包括上下游合同、纵向垄断等方面的一系列法律问题存在。在分析分销商和代理的法律关系时，需要弄清所有权是否转移，以此来判断本质上属于哪种模式。

BLRC 应用示例

现实的商业环境要比我总结的这张图更为复杂、多元，需要我们从中、低年级律师阶段开始培养全局观念，了解我们所做的工作：具体到某项工作在全局当中，在整个商业版图当中要达到怎样的商业目的？它处在怎样的环节和流程？这对我们写备忘录以及跟客户沟通访谈都至关重要。不管是诉讼还是非诉，常常会遇到客户问我们这个做法会有什么风险。

在回答客户提出的关于风险的问题时，我们可以按照这张图，从监管机构的角度，论述合规要求、风险点来提示客户，从不同监管机构下可能遇到的风险和可能面临的潜在调查为思路列举要点。从供应链角度,上游和下游是否会有一些横向垄断或者纵向垄断,这也是一个思路。集团公司内部的持股安排是否有合规要求?比如 VIE 架构、境外实体或自然人持股面临一些商务部或发改委关于投资并购的要求时是不是会有一些问题?其他竞争者是否会针对客户的商业策略或者宣传营销进行投诉举报?我只是举了一个非常宽泛的例子,是想说明有这种商事思维的全局观念,对于优化备忘录的逻辑性跟全面性都是大有好处的。

企业内部关系的掌握

刚刚谈到的是企业对外互动过程中的商事思维,而企业内部的沟通同样非常重要和关键。我们需要更多地去了解客户。这不单单是合伙人需要做的。合伙人手头有不同的项目,最后项目落地一定是委派不同的律师来执行。那么对律师而言,就更需要去了解客户内部的组织架构以及预判这个项目未来的走向和要求。

首先,我们需要了解项目对接的业务和职能部门有哪些。比如投资并购的项目,有些是对接法务部的,但有些是直接对接投资并购部门或者战略部的,这种情况很常见。我们要清楚我们对接的部门是哪些。

其次,我们需要了解我们要向哪个部门进行汇报,这个部门又会向公司内部哪个上级去汇报,也就是最终的汇报机构是哪个部门。

举例而言,如果我们要做一个法律文件或者出一个工作成果,要弄清楚我们这个工作成果是不是要拿到投委会去讨论,或是拿给管理层或者创始人去看的,如果是这种,我们需要尽可能有高度、有层次地去提出大面上的风险点和趋势,让他们觉得有一个方向性的指导。但如果我们的工作成果是要指派给下面的业务部门去操作的,我们给的成果一定越详细和越落地才越好,要具体到他们每一个人的职责和工作内容。

最后,我们需要了解公司内部推进项目的关键人是谁。所有项目到中后期一定是赶最终完成期限的状态,越是到这个时候越是要强调沟通的效率,一定要清楚公司内部真正推动项目的连接点,就是需要有一种网络感(network sense),知道公司方面推动项目的节点在谁,从而可以在有限时间内非常高效地去推动这个项目,而非所有事情都一个人接一个人地去沟通。

此外还有一个非常微妙的角度,就是我们所对接的法务合规部和其他业务部门的关系如何。总体而言,法务合规类部门在公司内部的定位是职能部门;根据不同公司的合规要求,法务的地位是有所区别的。这个对接过程,就对律师的情商和判断力提出了更高的要求:有些公司法务部门的地位不是很高,跟业务部门沟通的态度可能就需要更加谦虚;但在一些应对执法机关调查或者投资并购交易当中,法务部门的合规意见又是非常强势的,如何去平衡这种关系,一定要运用商事思维全局考虑。

A－B－C Level：个人与团队推进任务的框架

第三部分的 A－B－C level 可能相对抽象，但也是我们团队这些年来所总结的。律师的工作一定要给人有层次、有逻辑的感觉，任务推进一定要有非常清晰的架构和呈现形式。

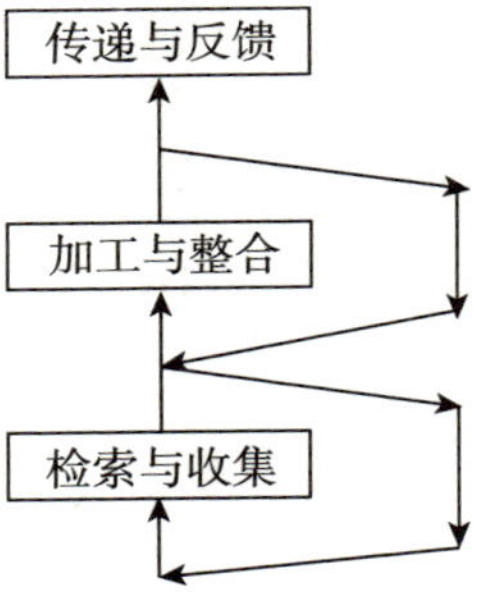

A-B-C Level in each Task

· 从信息传递的路径，可以将律师任务划分为“检索与收集”“加工与整合”“传递与反馈”三个环节

· 按照三个环节设计每次任务完成的思路，层层递进

· 任务推进是动态的过程，三个环节会不断互动

我通常比较习惯把任何任务的推进从信息传递角度分为三个不同的层级，从下往上分为对信息的“检索与收集”“加工与整合”“传递与反馈”，以此作为 A－B－C 三个层级，按照这三个层级去设计每个任务的完成思路。在梳理每个项目的时候，其实也能够清晰地了解我的任务处在哪一个环节，究竟到最后的传递反馈环节了，还是连法条和案例都还没检索收集完。

需要强调的是，任何任务的推进都是一个动态的过程，三个环节是不断互动的。刚接触项目或任务的时候，检索与收集的内容比较有限；当我把这些检索和收集的内容进行提炼、加工、整合的时候，一定会发现我漏了某些地方，这时就需要调转回来，重新去检索与收集；成果加工整合完传递给合伙人的时候，合伙人大部分情况下会给一些反馈或修改意见，然后我再回到加工整合、检索收集的环节。

检索与收集注意事项

检索与收集最为直接的方式肯定是从客户那边直接获取信息和背景资料，这是非常重要的。你需要了解客户对项目的要求以及项目基本的事实情况，这是你自己花时间从公开渠道找不到的，所以必须珍惜和重视每一次跟客户沟通的机会，提前做好准备工作，把想问的点一并问清楚。

你还可以从公开渠道获取信息和知识。法律法规和司法案例就不多说了，一些专业文章、行业信息、新闻报道同样很关键；特别是每个律所发布的各种公众号文章，作为律师团队对外宣传的窗口，都是比较专业和前沿的。倒不是让你直接用他们专业文章的观点，通过专业文章反过来去进行资料搜集和打开思路是非常有用的。

如何快速了解一个行业？最快的方法就是找一家这个行业内的上市公司，看他们的招股书和年报，这个行业的基本商业模式、监管要求都会在招股书里写得比较明确。自己调研很难在短时间内达到IPO团队的严密程度。当然招股书和年报的有些地方他们会进行加工修饰，这个时候就需要你比较敏锐地去判断。

如果你要展现给客户相应的工作成果，当然要优先考虑来自官方渠道的信息。如果你的引用源是道客巴巴、百度文库，大概率是不合格的，一定要找到最终的信息的出处，官方的出处才是合格的。

加工与整合注意事项

加工与整合是一个反复假设与验证的过程，我们做法律备忘录或者尽调报告，做到中间部分就会对风险和结论形成大致判断。在最后的加工整合过程当中，需要反复地假设和验证我的判断是不是准确，避免最后加工整合完才发现这个结果极度不符合常识。

在这个过程当中要反复问自己三个方面的问题：(1)结论是不是能说服你自己；(2)结论是否符合常识；(3)结论能否应对客户质疑。在写备忘录的时候，最好可以假想一下客户可能会追问什么问题，以此来使你的表述更为严谨、完善。

传递与反馈注意事项

这是一个偏套路化的环节，但其实这个环节让很多靠谱的同学没有办法很好地展示自己的成果。有三种常见的实习生以邮件汇报工作的思路：第一种就是邮件几乎没有正文，只有附件，这是最常见的；第二种就是把附件的内容通篇复制到邮件正文里；第三种是我比较提倡的，附件内容是一个比较完善和严密的调研成果，但邮件正文中你总结和提炼一些你希望合伙人或者客户注意的要点，分点式列举。这样的话大家看到你的邮件第一反应能知道你做了一个什么样的东西，有哪些要点；如果合伙人或上级律师要审阅或修改你的东西，你在邮件正文标出需要他重点看和修改的地方，或是你自己不确定的部分,可以极大地提高工作效率。

总体而言,很多中、低年级律师和实习生做任务非常扎实靠谱,调研的内容也非常严谨,如果在这个最终环节多花 5～10 分钟构思和写一下汇报的邮件,会给受众一个截然不同的呈现形式。不单单是内部汇报,对外跟客户沟通汇报其实也是同样的道理,在邮件正文简单地总结一下是非常有好处的。

刻意练习(deliberate practice):无法逾越的长期训练

大家可以感受到,律师行业是一个非常“吃”资历的行业,在很多创投企业可能干到二十几岁你就做 CEO 了,这在律师层面非常罕见;是因为律师工作本质上还是一个经验活儿,需要长期的知识积累和经验积累,所以律师成长无法绕开的是长期训练和培养。

有关刻意练习和一万小时定律,说实话这几年基本上已经被各种营销号和心灵鸡汤文搞坏了,大家总把一万小时定律拿来和舒适区一类的观点作为心灵鸡汤和营销文案宣传;但其实刻意练习和一万小时定律并不单纯是字面上的意思,不同的人花一万小时,最后个人的能力和所达到的高度一定是不同的。不同的人做律师工作,他的刻意练习的点也不同,这就涉及在律师工作方法中,一定要有针对性地去练习和培养自己的技能。

刻意练习和一万小时定律的真正含义

刻意练习首先需要有一个合理发展的行业和领域,律师行业就非常典型。

其次需要一个能够布置训练作业的导师,就是说你的导师需要和你沟通,告诉你文书或者其他工作哪里有问题了,这样你有针对性地去调整自己的思路才是有意义的练习,不然,同样的错误这次犯了下次你依然再犯。

最后需要有目的的练习。一个人的表现达到了一定的水平,比如工作两三年后,达到律师的基本水平,需要再思考如何才能再往上进一步提高,而不是原地踏步。这就需要你去观察和模仿,看高年级律师跟合伙人层面做出来的文件是怎么写的,或者在谈判过程当中他们和你相比,有哪些突出或不一样的地方,你据此进行有目的的调整,这才是有意义的。你日常工作的每一封邮件、每一个文书、每一个项目,都要以一种练习和自我培养的心态来进行,这样把练习变成日常工作的一部分,才会有所提高,这也是“一万小时定律”的精髓所在。并不是所有人花一万小时就一定能成为行业专家的,如果确实刻意练习到位了,可以在 3 ~ 5 年具备很多团队中七八年级律师的水平。

怎样进行有目的的练习?举例而言,我们团队做涉外业务法律翻译比较多,法律翻译是需要使用特定行业和特定业务类型的专有词汇的。一次翻译错没有问题,任何人都有第一次;但如果你第二次还犯错，就有点说不过去了。大家工作压力都比较大，但如何有目的地去调整，最直接的方式就是你建一个自己的词汇库或列一个词汇表（glossary），把业务当中常见的翻译类型进行定期总结梳理和归纳，定期回顾。这样你的文件翻译水平进步会非常快，可能你做2～3次就能够非常接近高年级律师的水平。

法律文书中可以刻意练习的方面

再以法律文书来举例，在刻意练习下，很多事情要逐渐内化为职场工作当中的一种本能。比如说文件命名，任何文件命名都要有几个要素，项目名称、文件标题、时间和版本号。每个团队一定都有文件管理的方法，但基本的要素背后的底层逻辑都是类似的。刻意训练内化为本能后，不管在任何职场和项目场景当中，你做出来的文件在文件名上都能给人感觉是专业的，是经过训练的。

要搞清楚团队先例文本是如何设计提纲的，为什么这样设计。一旦搞清楚内在逻辑，类似的场景中你就能做出合伙人所认可的成果，能够代表团队去展示，所以这个环节也是需要刻意练习的。在文档格式层面，最基础的自动编号、修订模式、文档对比、分隔符等你会不会用，也需要通过练习去内化到自己的职场工作和基本技能里。

给国企客户做备忘录报告和给互联网公司做备忘录报告是截然不同的。互联网公司可能需要比较直接地点明要害，国企风格更偏向政府公文（比如使用仿宋 GB 字体），这样他们会感觉更加舒服；这些都是一些需要练习的细节。

最重要的一点就是自己做的初稿和最后发出去的版本一定要进行一个对比。你做完的东西，合伙人或高年级律师改完发出去后，有时候大家由于工作繁忙不会去找你复盘，你就需要主动把这些发出去的文档和你自己的初稿进行对比，看看改了哪些，想想改的理由，你不知道上级为什么这么改的，就需要去沟通，去有目的地刻意练习，并运用到之后的文书或类似工作处理当中，这样才能算是一次合格、完整的刻意练习。如何才能确保自己的刻意练习始终在正确的轨道上？不妨试试 OODA Loop 模型范式。

OODA Loop 模型

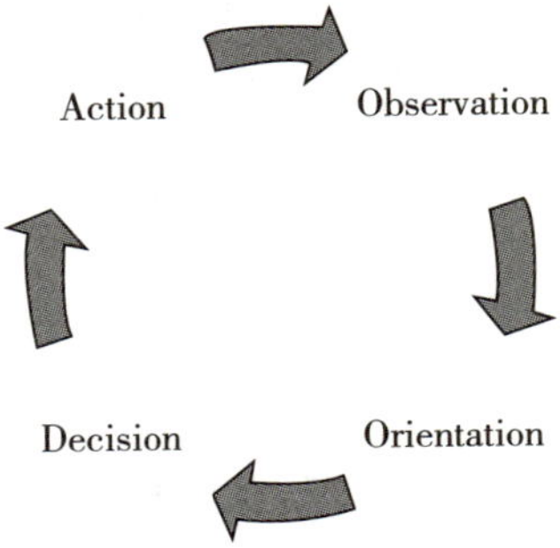

OODA Loop
· Observation：观察
★Orientation：定位/适配/调整
· Decision：决策
· Action：执行

OODA Loop 模型最早运用于训练飞行员的思维范式。首先你需要进行 observation（观察），观察项目的基本情况；其次你根据观察到的情况进行 orientation（定位适配调整）；再次你要做出 decision（决策）；最后根据决策来 action（执行）。对应到刻意练习当中，其实最为关键的就是 orientation 的环节，你观察后进行定位适配和调整，以便运用到你下一次的决策制定和工作执行当中。

这一循环可以运用于每一次刻意练习当中，通过每一个文书、每一项任务、每一个项目去不断地观察、调整、决策、执行，这样循环往复，我相信能够做到的人能力提升肯定非常之快，甚至不需要一万个小时。

PBLEC & RACS：团队/客户究竟需要什么样的律师

还想跟大家聊一聊，从结果导向的角度，团队也好，客户也好，究竟需要什么类型的律师。我们从客观、主观两个维度进行总结。

客观维度主要集中在专业技能层面，共分5块，我们总结为PBLEC模型，分别指Professional、Business、Legal、English和Communication。

客观维度：PBLEC

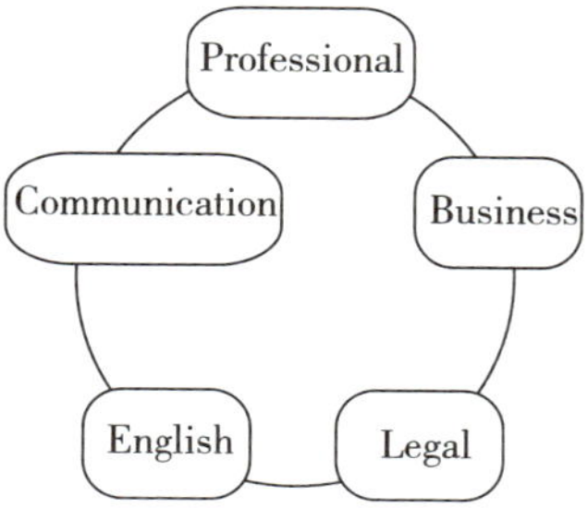

- Professional：专业知识、专业能力、专业素养
- Business：商事思维、商业实践
- Legal：业务知识、法律知识应用
- English：法律英语、文书写作、英文电话会
- Communication：沟通技能、文化融入、换位思考

Professional就是你的专业知识、专业能力、专业素养，不赘述。Business就是我刚刚反复强调的商事思维和商业实践，就算你法律

功底很强，但如果你不懂商事，你做出来的东西客户一样会扔到垃圾桶里。Legal 是特定法律行业的法律基本功和法律知识的应用。English 就是英语层面，法律英语文书写作、英文电话会。如果你真的需要去参加一个英文电话会，你怎么办？我第一次参加英文电话会也非常紧张，支支吾吾说不出话来，但后来参加次数多了，就会有一些经验和方法。Communication 就是沟通技能，需要有文化融入和换位思考，可以结合我刚刚提到的保持同步的沟通技巧，总之一定要站在对方角度来尽可能地消除不同专业知识背景可能造成的信息传递偏差，这是律师工作当中很重要的一点。

接下来说说主观维度，我们总结为 RACS 模型，分别指 Reliability、Accessibility、Credibility、Sensibility。

主观维度：RACS

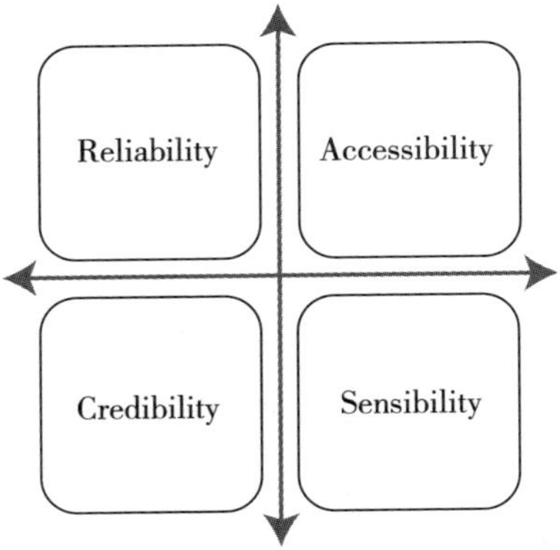

- Reliability：可靠度
- Accessibility：可接受度
- Credibility：可信度
- Sensibility：敏感度

第一是 Reliability（可靠度）。客户有问题或者合伙人、上级律师需要你帮忙的时候，如果你经常迟到或者不回复消息，找不到你人，会影响你的可靠度。你需要定期跟上级和客户沟通反馈。

第二是 Accessibility（可接受度）。你做的东西是要能被接受的，是符合行业实践和法律实践的。如果你做出来的文件格式一塌糊涂，内容没有什么逻辑可言，你的合伙人和你的客户也是不会接受的。

第三是 Credibility（可信度）。律师做的东西非常需要可信度，引注就是你的信息来源，你的调研成果中的每一句话都需要有可靠来源；在 IPO 项目中做验证也是同样的道理，可将其类推到其他业务。有些场合的工作成果虽然不需要那么严谨，但总体而言你的观点和判断是要有来源和可信度的。

第四是 Sensibility（敏感度）。这是律师比较高阶的能力，就是针对客户提出的模式或者问题，你能否非常敏锐地察觉到里面可能存在的问题，或者快速提出一个客户可落地的执行方案，这个就是你对于特定问题和行业实践的敏感程度。

附录二

从迈入职场到挥手作别，你不得不知道的职场劳动用工法律知识

常昱昊（Nathan） 何婷婷（Monica） 徐浩哲（David）

2023 年 7 月 27 日

虚拟案例(上半部分)

你叫李华,你在一家创业公司实习半年后顺利拿到了留用通知,并在大学毕业后与公司签署劳动合同。加入公司后,虽然平日里因为加班牺牲了一些休假,但公司业务蒸蒸日上,并计划在融资过程中推动股权激励计划。遗憾的是,好景不长,两年后公司不得不降本增效,此刻你接到了人事部门的电话,邀请你去会议室聊聊……

实习生和正式员工有何区别?如果公司在你毕业后依然以实习生名义聘用你,会有哪些问题?

***Monica*:**

实际上,用人单位通常不会与实习生签署名义为劳动合同

的文件，而是签署实习协议。实习协议在法律上与劳动合同有本质区别。实习生与公司的法律关系是劳务关系，双方的权利和义务主要依据合同约定，没有强制性法律规定。比如，薪资可以自由约定，实习协议可以单方解除。而正式员工与公司之间则建立劳动关系，必须遵守《劳动合同法》的规定。如果公司解雇正式员工，需要遵循《劳动合同法》的规定，所以相对难以任意解雇。此外，招正式员工还需遵守最低工资标准、缴纳五险一金等法律规定。招实习生不受这些规定约束，因此实习生与正式员工在法律地位上存在较大区别。

Nathan：

如果某些公司让毕业生在毕业后仍然以实习生身份工作，或者暂时保持实习生身份以等待岗位空缺，这可能会引发问题。通常情况下，正规的公司不会采取这种操作。从法律角度来看，公司有义务在员工入职后 30 天内与其签订书面劳动合同。如果毕业生已成为正式劳动者，但公司仍以实习生名义与其签订实习协议，这对公司来说存在法律风险。若遇到这种情况，毕业生应坚决要求在入职后 30 天内签订劳动合同，否则，公司也将面临法律风险，因为实际上可能会被认定与劳动者之间存在劳动关系而非劳务关系。

David：

考虑到不同人在面对这种问题时的不同担忧，可能会导致现实情况下的决策更为复杂。

我们曾遇到很多这样的情况，疫情使许多学生的出国计划推迟一年，他们想要找一份实习工作。有些公司在这种情况下可能选择以实习生名义雇用这些学生。我们商议后提出解决方案，要求学生提供推迟录取的证明，并同意以实习生名义接受雇用，以确保符合法律规定。

Nathan：

大多数情况下，雇主对这类问题可能会更加警惕并重视合规，因为问题可能是由于人事部门疏忽或特殊情况造成的。面对此类问题时，指出可能的后果并询问是一种解决方式。

正式入职签署劳动合同的过程中，对员工而言有哪些需要注意的地方？比如录用通知和劳动合同不一致、补签与倒签、缺失必备条款、合同条款有歧义等。

Nathan：

一旦成为正式员工，需要特别关注劳动合同。劳动合同可能会被匆匆扫视，但其实对于合同内容的关注是很重要的。很多争议往往源于劳动合同，因此在签署劳动合同时，可以特别关注以下几点，可以用“5W1H”来概括：

- （1Why）你为什么要签这份合同？

- (2Where)在什么地点签?
- (3When)在什么时间签?
- (4Who)和谁签?
- (5What)有什么具体安排?
- (1How)以什么方式签?

Monica:

这些条款被称为必备条款,它们是法律要求在劳动合同中必须明确写明的内容。在过去,我国政府制定了一些劳动合同模板,现在这些模板在人力资源和社会保障局的官方网站上仍然可以找到。然而,在现实情况中,一些外企、大型民营企业甚至国有企业不会完全使用这些模板,原因在于这些模板可能只是简单地复述了法律的要求,没有涵盖所有细节。

劳动合同有时会很复杂,有很多条款,其中一些可能与法律相似或重复,另一些是合同的细节。对于新入职的员工来说,关注必备条款是非常重要的,这些条款通常涵盖了合同的基本信息,如雇主、员工身份、工作内容、工作地点、工作时间、休假、薪资和社会保险等。

Nathan:

然而,即使合同中存在一些额外的条款,正规的公司通常不会在这些细节方面设立陷阱。如果在合同中发现了一些不合理的条款,如保密条款、工时限制等,员工也可以在恰当的情况下与雇主进行沟通,提出合理的异议。需要注意的是,这样的讨论可能会带来某些代价或后果。如果一家公司愿意让员工看到这些条款,大多数情况下这家公司是正常的,员工可以安心签署。

总之,了解合同中的必备条款并关注其细节是非常重要的。然而,在签署合同时,也需要权衡可能的后果和实际情况,以确保自己的权益。

David:

还有一些情况是法律上没有强制要求的,但基于职场文化和经济氛围等,可能有复杂因素存在。举个例子,有些毕业生在毕业前几个月会收到录用通知,其中列明了基本的工资、年假天数等信息。然而,在签署劳动合同时,发现合同与录用通知内容不同,应该以哪个为准?这种情况该如何处理?

Nathan:

这种情况并不少见。在这种情况下,劳动合同通常会比录用通知简洁许多。用人单位可能会称其为公司的标准模板,或是受公司规章制度等的影响,内容会有差异。

如果遇到您刚才描述的情况,我会建议同学们保持警惕。法律上,聘用通知通常在劳动合同之前起效,但劳动合同具有替代效应。这意味着,如果两者存在差异,法律通常会认可后签署的劳动合同的内容。举个例子,聘用通知提到年假 15 天,但劳动合同写了 10 天,法律可能会认可 10 天的约定。

在这种情况下,同学们可以采取不同的策略。可以询问公司是否有相关的规章制度来解释差异,或者直接与用人单位协商,将相应内容添加到劳动合同中。然而,需要在法律和实际情况之间权衡,以确保自己的权益不受损害。

在劳动合同与聘用函之间存在明显差异的情况下,尤其是当合同中的内容与聘用函承诺相差甚远时,必须提出疑问。举个夸张的例子,原本承诺的薪资从 1 万元变成了 500 元。在这种情况下,我认为必须询问为什么会出现这样的变化,是否有什么需要我知道的重要变动,以及签署合同之前需要讨论的内容。这是确保自己权益的一种必要手段。

Monica:

在签署劳动合同之前或入职之前,还有一些其他情况需要注意。有时候,公司可能会出于某些原因提出补签或倒签合同的要求,即使在实际时间上已经超过原定的签约日期。在这种情况下,有几点需要注意:

• 确保合同条款不变。在补签或倒签的情况下,确保劳动合同的条款与原先协商的内容保持一致。不要因为签署时间的变化而改变合同条款。

• 记得保留复印件。确保保留一份原始的、已签署的劳动合同的复印件,以备应对将来可能出现的纠纷。

• 协商变更时机。如果公司提出倒签或补签,你可以协商一个合适的时间来完成签署，以便你有足够的时间仔细阅读合同内容，并且可以与公司就合同的条款进行进一步的讨论。

- 不被迫签署。不要被迫在很短的时间内签署合同，尤其是在合同内容发生较大变动的情况下。如果需要，你可以请求多一些时间来仔细考虑和咨询。

- 善于向律师咨询。如果你对合同条款有疑虑，尤其是在公司提出倒签或补签的情况下，你可以寻求律师的建议，确保自己的合法权益得到保护。

总之，尽管可能时间紧迫或面临其他情况，但在签署劳动合同之前，你要确保自己充分了解合同条款，而不是在被迫的情况下签署，以及，在保护自己权益的同时你也要维护与公司的良好合作关系。

什么是五险一金？社保是必须缴纳的吗？应该由谁缴纳？如果用人单位希望和你约定由你自己缴纳社保，该如何应对？

David：

除了合同以外，我们还会聊到五险一金。很多刚入职场的同学其实并不知道五险一金是什么样的概念。

Monica：

五险一金是指我国社会保险体系中的五种社会保险，以及住房公积金，法律强制要求用人单位和员工共同缴纳。

• 养老保险是为了在退休后提供养老金和基本生活保障而设立的。用人单位和员工都需要缴纳一定比例的养老保险费。

• 失业保险是为了帮助失业员工提供的失业救济金，帮助他们度过失业的经济困难期。同样，用人单位和员工都需要缴纳失业保险费。

• 医疗保险旨在为员工提供基本医疗保障，包括住院、门诊等医疗费用的报销。用人单位和员工都需要缴纳医疗保险费。

• 工伤保险：工伤保险为因工作事故或职业病导致的员工伤残、死亡提供一定的赔偿和救助。只有用人单位需要缴纳工伤保险费。

• 生育保险：生育保险旨在为女性员工提供在生育期间的医疗保障，包括产前、产后的医疗费用。只有用人单位需要缴纳生育保险费。

• 住房公积金：住房公积金是用于员工购房、租房等用途的资金积累，同时也是一种社会福利。用人单位和员工都需要缴纳公积金。

这些社会保险和住房公积金的缴纳金额通常是以员工的工资作为基数，按照一定比例计算并由用人单位和员工共同缴纳。缴纳的社保和公积金会在工资中进行扣除，从税前工资中扣除后，再进行个人所得税的计算。很多人在拿到工资时发现扣除了一部分金额，这部分金额就是五险一金。

五险一金是保障员工在不同阶段遇到困难时能得到社会支持，这是法律规定的义务，用人单位和员工都需要履行。对于刚入职场的同学们，理解五险一金的概念，了解各项保险的含义和计算方法，有助于更好地规划自己的财务和未来。

Nathan：

在中国，五险一金是强制性的社会保障制度，旨在保障员工在养老、医疗、失业等方面的权益。因此，通常情况下，员工和用人单位都需要按照法定的比例共同缴纳社会保险和公积金。这是一种法定规定，用人单位和员工都应遵守。

David：

在特殊情况下，有些员工希望不参与五险一金的缴纳，而是让用人单位将这部分款项直接支付给员工。然而，这种做法存在一定的法律风险和违规性质。五险一金不仅是员工的个人权益，也是一种国家社会保障制度，是为了保障员工的社会福利和权益，同时也有助于社会稳定。

Nathan：

是的，用人单位如果将应该缴纳的五险一金直接支付给员工，可能涉及违规操作，对用人单位和员工都会产生不利影响。一方面，用人单位可能会面临社保部门的调查和处罚，因为用人单位有缴纳五险一金的法定义务。另一方面，员工可能会因为缺乏社会保险而在养老、医疗等方面面临风险。

在这种情况下，建议用人单位和员工遵守法律规定，按照国家社会保障制度的要求进行五险一金的缴纳。如果员工对五险一金的缴纳产生疑虑或本人有特殊情况，可以与用人单位协商，但要确保在法律允许的范围内进行调整，避免违反法律法规。同时，用人单位也应该为员工提供正确的信息，帮助员工了解五险一金制度的意义和作用。

David：

您提到的社会保险和公积金制度的跨区域统筹问题确实是一个影响深远的话题。在中国，社会保险和公积金制度的统筹主要涉及不同地区之间的权益平衡和分配，以及劳动力流动性等因素。当前的社会保险和公积金制度在不同地区之间存在一定的差异，员工可能因为在某个地区工作时间较短，担心在退休或其他情况下无法充分享受社保和公积金的权益。同时，一些企业和员工也可能因为跨区域的规则差异，希望在某些方面进行灵活处理。

Nathan：

政府部门也意识到了这些问题，因此在推动社会保险和公积金制度改革的过程中，也在逐步尝试打破跨区域统筹的藩篱，以促进更加公平地权益分配。这可能包括一些政策调整，如在某些地区逐步取消统筹区域限制，让不同地区人员的社会保障和公积金权益更加均等。然而，这个过程需要时间，因为涉及各种复杂的因素，包括地区差异、财政状况、政策衔接等。对于企业和员工而言，在当前阶段，遵循各地区的规定是最为稳妥的做法。如需了解更具体的政策变化和可能的调整动向，可以咨询专业机构或相关政府部门。

从法律角度来看，我国目前劳动法体系对于上班时间、加班工资、休假安排等方面是怎样规定的？

Monica：

关于劳动用工的法律确实是一个广泛而复杂的领域，涉及加班、加班费、休假等方面的规定。在中国，主要是劳动法和相关法规对这些问题进行了规定。

在工作时间和加班方面，劳动法相关法律法规要求一周工作时间不得超过 40 小时，超过的部分需要支付加班工资。加班工资标准通常是基本工资的 150% ~200% 。然而，实际上加班时间和加班费的支付可能存在很大的差异，很多企业或行业也有自己的规定。

在休假方面，劳动法规定员工有带薪休年休假的权利，不同工龄通常有不同的休假天数。年休假工资应当不低于员工在休假期间的平均工资。此外，法律也规定了婚假、丧假、产假等特殊情况下的休假权益。按照法律规定，员工每周有至少一天的休息日，同时有法定休假日和调休。如果员工在休息日或法定休假日工作，用人单位应当给予补偿休息，通常是在一定时间内给予补休的机会。

在实际操作中，企业的规章制度可能有对上述方面更具体的规定，但这些规定不能低于法律的底线。此外，由于不同行业、不同地区以及不同职位的差异，实际情况可能存在一些变化。

总体来说，员工在了解企业规章制度的基础上，还要清楚了解自己的权益，特别是劳动法所规定的最低标准。如果遇到工资、加班、休假等问题，可以首先与公司人力资源部门或相关主管沟通，如果无法解决，也可以咨询劳动仲裁部门或律师，以维护自己的权益。

Nathan：

关于年假和其他假期的安排，有一些概念和细节是需要注意的。法定年假是指劳动法明确规定的年假天数，根据工作年限划分为 5 天、10 天和 15 天。这些天数通常都是工作日，不包括休息日。一些企业会根据员工的实际情况在这个基础上进行补充。

此外，额外年假通常是企业根据自身情况制定的，天数可能包括法定年假，也可能超过法定年假。然而，这些额外年假的规定可能会因企业而异，包括是否可以拆分使用、是否需要优先使用法定年假等。

还有一些特殊假期，像婚假、产假、陪产假等特殊假期的安排,通常根据劳动法及不同地区、企业的政策进行规定。有些特殊假期的使用可能需要提前通知企业,有些特殊假期可能有连续休假的要求,即不允许跳跃休假。

总体来说,特别是在特殊假期的安排上,员工需要与人事部门进行沟通,了解企业的具体政策。在享受年假和其他假期时,最好提前了解规定,以免出现误解或不必要的麻烦。同时,员工还可以根据法律规定来合理维护自己的假期权益。

Monica:

在讨论上班时间和工资的关系时,我们需要重点了解工时制度的种类。在中国的劳动法中,有三种主要的工时制度:标准工时制、不定时工作制和综合计算工时制。标准工时制是每日工作不超过8小时,每周不超过40小时。不定时工作制适用于一些特殊工作,如外勤工作,无法按照标准工时来计算。综合计算工时制适用于连续作业等情况。不定时工作制和综合计算工时制需要单位向劳动部门申请,经审批才能实施。这些工时制度的适用范围和操作规定会因企业和工作性质而异。

一些行业存在加班的情况,有时甚至出现极端的加班模式,如所谓的"996"。尽管加班可能与工作时间相对应,但员工的心态和工作环境也是重要因素。有些员工在意的不仅是薪水,还包括工作的质量、工作与生活的平衡等。在某些行业和企业,员工会认为加班工资是对工作超时的补偿,因为超出标准工时的工作应该得到额外的报酬。然而，在某些情况下，员工可能更注重工作环境、自由时间和生活质量。

上班时间、工时制度和加班工资之间的关系牵涉员工权益、工作质量和生活平衡等多个方面。不同行业、企业和个体员工的情况各异，因此在讨论中需要考虑多方面的因素。同时，理解劳动法规定和工作制度，以及与雇主进行积极沟通，有助于确保员工的合法权益得到维护。

什么是股权激励计划？公司开展股权激励计划是为了什么？对打工人而言，有哪些要考虑的？

David：

我们有时会聊到期权这个概念，给企业提供相关项目服务的时候，你有接触过这种所谓的股权激励计划吗？分你一些股权，一方面作为工资的一部分，另一方面作为你认真工作、和公司一起成长的动力。您对打工人有没有一些建议要分享？我发现股权激励计划在现代企业中确实越来越常见，它可以作为一种激励机制，鼓励员工积极参与公司的成长和发展。

Nathan：

这两个点蛮对的，公司开展员工的股权激励计划，在实践工作中很常见，特别是这几年的某些行业。公司既然现金流不多，那就分掉一点股权。很多公司确实有激发员工积极性的考虑，在工资之外，给你一些高额的股权，逐年去进行解锁，有了这样的安排，员工可能也更愿意为这个企业长久稳定地服务，所以对公司和员工来说其实是双赢的。

比如一个创业公司，在把员工招来公司的时候就已经跟员工谈好了，说你的基本工资这么多，另外一部分可能是期权，未来在公司上市的时候，期权可能会变成一笔相当可观的报酬，这是将期股作为员工薪酬包（package）的一部分，也是对于未来更长远的上市阶段的激励安排。

如果是境内外上市的公司，可能在员工入职的时候，公司就会给他做一些股权激励方面的安排，比如境外的股票期权或者限制性股票单位，作为员工薪酬的一部分，双方去做一个协商和考虑。

我有朋友在入职的时候，公司给他的薪酬包里面有50%都是期权，等到期权解锁可以行权的时候，这些权益可能已经是他入职时候的几倍了。这个薪酬包远超当时拿现金的那些同学能拿到的，可以算是“以小博大”。对于大部分打工人而言，股票股权激励是在正常薪资报酬之外的一个额外激励。

大家在拿股权的时候要考虑两个问题。一个是这些股票期权是有条件限制的，可能体现在劳动协议里面，或者是在公司的股权激励的整体架构下面做一些安排。如果员工提前走了，没有到手的这些期权就作废了。大家在入职的时候就要想好，比如你的股票期权可能是分3年、5年甚至更长时间，对这个期限要做考虑,因为大家的职业发展不一定局限于这一家公司,如果跳槽,会有一些期权拿不到手。

另一个问题就是股价受到市场环境的影响会有涨跌,所以在入职的时候需要通盘考虑薪酬包里面现金安排得多一点还是股票多一点,做考量之前也需要看一下整个职业发展的长远安排,另外需要考量你对于这家公司和整个市场环境的信心。

虚拟案例(下半部分)

走入会议室,人事部主管给你提出了两个方案。方案一:在公司内部换岗;方案二:公司向你支付“N+1”的补偿金后终止劳动合同,且需要签署一份竞业限制协议。李华选择在公司内部换岗,但换岗后发现该岗位的工作内容和薪资水平与之前相比都有较大差距,与公司沟通数次无果,计划启动争议解决程序。

常常听说的“N+1”“N+2”是什么意思?

***Nathan*:**

“N+1”“N+2”是一种通俗的表达方式。法律上的N是指经济补偿金,适用于特定情况下,当单位与员工解除劳动关系或员工主动离职时,根据法律规定单位必须支付的金额。

N 可以拆解为两部分:工作年限和前 12 个月的平均工资。如果在公司工作了 3 年,N 就是 3。乘以一个因子,得到经济补偿金,该因子可以是前 12 个月的平均工资。总体上是根据工作年限和收入情况而定的,也可能包括基本工资、津贴和奖金等。

还有一个概念是"2N",也就是赔偿金,是经济补偿金的两倍。赔偿金适用于单位单方面解雇员工,员工不同意,提起劳动仲裁后仲裁机构认定解雇违法的情况。赔偿金和"N+1"的概念不直接相关,赔偿金是一种惩罚性机制。

竞业限制通常适用于哪些对象?竞业期限是否有上限?签署竞业限制协议的劳动者是否有权要求用工单位提供补偿金?竞业限制协议在入职时签署和在离职前签署是否不同?

David:

在离职谈判中还有一个竞业限制协议的问题。这在现实中很常见,特别是互联网公司兴起后,员工经常在几家大公司之间跳槽,因此竞业限制变得普遍。员工签订竞业限制协议并由此引发的纠纷逐渐增多。在跳槽时,员工可能会面临是否签署竞业限制协议的问题。回到竞业限制本身的法律规定,这个制度适用于哪些人呢？

Monica：

实际上，根据劳动合同法的规定，竞业限制适用于公司的高级管理人员、高级技术人员和其他负有保密义务的人员。然而，如何界定这些人员的范围，在法律中并没有明确规定。大多数公司倾向于广泛地理解这个范围，认为只要是能接触到公司的保密信息，如技术、经营和财务等信息的人员，都可以签订竞业限制协议。是否合理，通常要等待劳动人事争议仲裁委员会和法院作出最终判定。

在实践中，竞业限制的范围因地区而异，但一般会有一个合理的划定。例如，公司中的普通行政人员可能不太接触核心商业信息，因此签订竞业限制协议可能会被法院认为不合理。然而，互联网公司的员工可能会更频繁地接触核心商业信息，因此签署竞业限制协议可能更具合理性。

竞业限制协议一般有一定的期限，不会持续一辈子。在中国的劳动合同法下，竞业限制的最长期限不能超过离职后的两年。因此，如果协议规定离职后三年内仍需遵守，那么超过两年的部分可能会被视为无效。此外，在员工离职时突然提出签订竞业限制协议，员工可能会感到不满，但仍有谈判的余地。员工可以要求获得补偿金或其他合理的权益，这在现实中通常能够得到支持。

总之，竞业限制的适用范围和期限在实践中可能会有变化，需要在法律框架下进行权衡和协商。

调岗能否降薪？在未重新签订劳动合同的情况下，调岗是否构成对劳动合同的违约或瑕疵履行？如果劳动合同中约定公司有权根据经营状况调岗调薪，该等约定是否有效？

Nathan：

在解决类似调岗降薪这样的问题时，我们需要综合考虑各方面的因素。员工首先会权衡经济补偿金和新岗位的职业安排对自身的影响。如果员工认为补偿金足够弥补调岗降薪带来的损失，且新岗位仍然符合其职业发展期望，那么可能会选择同意这样的安排。

然而，有一些情况下，公司可能会单方面做出不合理的调整，比如将员工从高级管理岗位调至非核心岗位，并降低薪资。在法律层面上，这种单方面的调整可能是不被接受的。但在实际执行过程中，合理性也是一个考量因素。如果公司能够合理地解释调整的原因，比如客户流失导致岗位变化，法院或仲裁委员会可能会倾向支持公司的决定。

此外，涉及合同的修订和更新，我们可以借鉴一些民法的思路。《民法典》合同编对于合同的修改和终止都有相应的规定，通常要求双方协商一致。在调岗降薪的情况下，双方也可以协商一致，但必须注意合理性和合法性。如果公司的调整是合理合法的，员工可以选择同意；但如果调整涉及不合理的降薪幅度或职位变动，员工有权拒绝，并且可以寻求法律途径来保护自身权益。

综上所述，在解决调岗降薪问题时，需要综合考虑各种因素，包括经济补偿、新岗位的合理性和合法性等，以及根据具体情况权衡选择是否同意。同时，法律框架下的规定和实际执行中的合理性都是需要考虑的因素。

劳动仲裁和民事诉讼的基本流程和主要区别是什么？对正在经历劳动仲裁/诉讼的人而言，他们可能会有哪些担心？有哪些实操建议？

Monica：

劳动争议解决的程序有其特殊性，劳动仲裁和法院诉讼之间存在一种前后关系。劳动仲裁是一个前置程序，即劳动争议在进入法院环节之前，必须先经过劳动人事争议仲裁委员会的调解和仲裁程序。

劳动争议解决的一般流程是这样的：当劳动争议发生时，双方可以通过协商或者向劳动人事争议仲裁委员会（以下简称仲裁委)提起仲裁申请来解决争议。仲裁委派出调解员介入,进行调解;如果调解失败,就会进入仲裁程序。在仲裁程序中,仲裁委组织双方当事人进行仲裁庭的听证,然后作出仲裁裁决。

如果一方对仲裁裁决不满意,可以提起诉讼,但需要在仲裁裁决作出之日起 15 日内提起。在这种情况下,法院将对争议进行再审,这个过程可以分为一审和二审。在一审和二审阶段,法院会重新审查争议的事实和证据,并最终作出判决。这种前后关系的设置主要是为了劳动争议解决的高效性和快速性。通过劳动仲裁这一前置程序,尽可能地减少法院的工作负担,同时保障劳动争议的解决更加迅速。

总体来说,劳动仲裁和法院诉讼在劳动争议解决过程中有着密切的关系:劳动仲裁是必经的前置程序,而法院诉讼则是在仲裁结果不满意时的再审程序。这种安排旨在平衡效率和正当程序的要求。

David:

很多同学担心劳动仲裁或者法院诉讼会影响自己未来找工作,甚至担心记录被留档。实务中究竟是一个怎样的情况?

Monica:

在劳动争议解决的程序中,担心可能影响未来职业发展的情况是可以理解的。然而,劳动仲裁一般是不公开的,大多数情况下其他人无法获取相关信息。特定的省份可能会有公开程序，但这并不是普遍情况。当涉及法院诉讼时，法院裁判文书是需要公开的。这意味着在一审和二审阶段，劳动争议的裁决书可能会被公布在互联网上。但是，这并不一定对你未来的职业发展产生重大影响。

很多因素会影响未来用人单位的看法，包括个人的工作能力、经验和专业素养。有些用人单位可能会注意到你曾发生劳动争议的经历，但更重要的是他们会评估你的整体素质和背景。如果你能在简历或面试中强调你的工作能力和成就，往往能够抵消这样的担忧。

最终，决定是否进行劳动仲裁或法院诉讼是基于你自己的情况。如果你认为自己的权益受到侵害，那么通过合法的程序来维护权益是正当的。对于未来的职业发展影响的问题，虽然可以考虑，但不要过度担忧，因为每个用人单位的看法都因人而异。维护合法权益是合理的，同时也要根据自身情况做出决策。

在律师身份之外，还有哪些想和大家分享的？

David：

年轻的员工入职时可能会对现状有一些疑虑，这是很正常的。但是随着时间的推移，随着经验的积累，很多事情背后的脉络会更加清晰,理解起来也会更深刻。

无论是在仲裁还是在诉讼中,都要坚持维护自己的权益,但同时要冷静对待,将情绪和理性分开。尽量通过协商解决问题,寻找对双方都有利的出路。职场是一个复杂的环境,法律是一个复杂的领域,但我们可以通过理性的方式来应对,保护自己的权益,同时也为未来的职业发展创造更好的机会。

Monica:

非常同意你的观点。对于“00后”这一代来说,他们在物质条件和精神追求方面都有一些新的特点,这是一个社会发展的自然演变。同时,职场中的许多问题确实可能源自预期与现实之间的差距,这种差距可能导致情绪波动和冲突的发生。因此,在职业选择和职业发展的过程中,了解自己所处的环境,做到冷静客观,同时保持开心和积极的心态,都是非常重要的。

Nathan:

关于工作时间等方面,有时候公司并不一定严格要求,但员工可能会自觉地延长工作时间。这种情况背后可能有很多因素,但我赞同你的观点,“开心”和“平衡”在职场中非常重要,不要让工作过于压制生活的快乐。同时,在职场中也要逐渐建立起自己的一套心态和方式,适应并融入这个复杂多变的环境。

David：

我最后想强调的是，无论在职场中遇到什么问题，保持积极和乐观的心态，尊重自己的价值，寻找合适的解决方法，都是让自己在职业发展道路上走得更远、更稳健的关键。